한 글 표 (ハングル表)

番号		1	2	3	4	5	6	7	8	9	10
番号	母音\子音	ㅏ [a]	ㅑ [ya]	ㅓ [ɔ]	ㅕ [yɔ]	ㅗ [o]	ㅛ [yo]	ㅜ [u]	ㅠ [yu]	ㅡ [ɯ]	ㅣ [i]
11	ㄱ [k/g]	가	갸	거	겨	고	교	구	규	그	기
12	ㄴ [n]	나	냐	너	녀	노	뇨	누	뉴	느	니
13	ㄷ [t/d]	다	댜	더	뎌	도	됴	두	듀	드	디
14	ㄹ [r/l]	라	랴	러	려	로	료	루	류	르	리
15	ㅁ [m]	마	먀	머	며	모	묘	무	뮤	므	미
16	ㅂ [p/b]	바	뱌	버	벼	보	뵤	부	뷰	브	비
17	ㅅ [s/ʃ]	사	샤	서	셔	소	쇼	수	슈	스	시
18	ㅇ [-/ŋ]	아	야	어	여	오	요	우	유	으	이
19	ㅈ [tʃ/dʒ]	자	쟈	저	져	조	죠	주	쥬	즈	지
20	ㅊ [tʃʰ]	차	챠	처	쳐	초	쵸	추	츄	츠	치
21	ㅋ [kʰ]	카	캬	커	켜	코	쿄	쿠	큐	크	키
22	ㅌ [tʰ]	타	탸	터	텨	토	툐	투	튜	트	티
23	ㅍ [pʰ]	파	퍄	퍼	펴	포	표	푸	퓨	프	피
24	ㅎ [h]	하	햐	허	혀	호	효	후	휴	흐	히

重子音

25	ㄲ [ʔk]	까	꺄	꺼	껴	꼬	꾜	꾸	뀨	끄	끼
26	ㄸ [ʔt]	따	땨	떠	뗘	또	뚀	뚜	뜌	뜨	띠
27	ㅃ [ʔp]	빠	뺘	뻐	뼈	뽀	뾰	뿌	쀼	쁘	삐
28	ㅆ [ʔs]	싸	쌰	써	쎠	쏘	쑈	쑤	쓔	쓰	씨
29	ㅉ [ʔch]	짜	쨔	쩌	쪄	쪼	쬬	쭈	쮸	쯔	찌

重母音

30	ㅐ [ɛ]	애
31	ㅔ [e]	에
32	ㅒ [yɛ]	얘
33	ㅖ [ye]	예
34	ㅘ [wa]	와
35	ㅝ [wɔ]	워
36	ㅙ [wɛ]	왜
37	ㅞ [we]	웨
38	ㅚ [we]	외
39	ㅟ [wi]	위
40	ㅢ [ɯi]	의

안녕하세요!

初級テキスト

アンニョンハセヨ！韓国語

〈改訂新版〉

朴 点淑 著
（パク ジョン スク）

大学教育出版

息子基賢に

韓国語を学ぶ皆さんへ

　この数年間、日本と韓国の間には、様々な出来事がありました。2001年度からは大学入試センター試験で「韓国語」が出題されています。2002年にはサッカー・ワールドカップの日韓共催、ブームなどで、日韓両国は朝鮮通信使訪問以来かつてないほど親近感が深まりました。2003年6月の노무현（ノ・ムヒョン）韓国大統領訪日時には、小泉純一郎首相との「日韓首脳共同宣言」に基づいて日韓国交正常化40周年を記念し、2005年が「日韓友情年」と定められました。その後、両国は「一日生活圏」となり、文化・経済などあらゆる分野において交流が進み、親密度が増しています。特に、2005年は日韓両国の友情と相互理解を更に深めた年で、3月以降日本への入国ビザ（90日間）は不要になりました。日本政府観光局（JNTO）によると、訪韓日本人数は、1996年は150万人だったのが2004年には244万人を突破しました。一方、訪日韓国人数は、1996年は100万人だったのが、2008年には250万人を超え、日本への外国人旅行者の中で、韓国は1999年以降1位です。経済協力開発機構（OECD）と日本学生支援機構によると、日韓の留学生数も年々増えつつあり、韓国への日本人留学生は1998年には418人だったのが、2008年は1062人、日本への韓国人留学生は1984年の2165人に対し、2010年は2万202人でした。

　『안녕하세요!韓国語』は、はじめて韓国語を学ぶ学習者のための初級者用の本です。大学や高校、語学学校や文化講座などで授業用のテキストとして、効率良く学べるように工夫しました。教室で学んだ表現が教室の外でもすぐ使えるように、日常会話を中心とした自然な韓国語で構成されていますが、独学も可能なように文法も丁寧に取り入れました。実際に韓国語母語話者と会話をする時に使う表現をまず学習し、充分反復練習を行うことにより、会話の運用力が身につくよう心掛けました。さらに、いろいろな場面で使われる決り文句は「ミニ会話」にまとめています。韓国語の学習のみならず、より多くの人に韓国を知ってもらいたいと思い、韓国文化コラムも設けています。このテキストが韓国語を学ぶ皆様の異文化理解にも役立てばと心から願っています。

　本書は、2006年2月に初版出版し、2007年3月にはCD付きの新版を発行して、今回は新版の第3刷目となりました。本書の制作にあたり、ご協力してくださった方々にこの場をお借りして深く感謝申し上げます。貴重な助言を下さった全円子先生、柳枝青先生にも深く感謝申し上げます。

2011年1月　　　　　　　　　　　　　　　　　　　　　　　朴　点淑

目　　次

韓国語を学ぶ皆さんへ ———————————————— iii
(1) 한글（ハングル）———————————————— 1
(2) 한글の仕組み ———————————————— 1
(3) 韓国語の文法 ———————————————— 2
(4) 南北のことばの違い ———————————————— 3
(5) 母音 ———————————————— 4
(6) 重母音 ———————————————— 7
(7) 子音 ———————————————— 9
(8) 重子音 ———————————————— 14
(9) 받침（パッチム）———————————————— 16

第1課 저는 이유나입니다.（私はイ・ユナです）———————————————— 18
　　　文法(1) －는／은（～は）
　　　文法(2) －입니다（名詞＋です ・「니다」体）
　　　文法(3) －（이）라고합니다（～といいます）
　　　単語① 職業
第2課 어디예요?（どこですか）———————————————— 22
　　　文法(1) －가／이（～が）
　　　文法(2) －입니까?（名詞＋ですか）
　　　文法(3) 指示詞1
　　　単語② 趣味
　応用編 ———————————————— 26
　　　文法(1) －예요／이에요（名詞＋です ・「요」体）
　　　文法(2) －를／을（～を）
　　　単語③ 場所
第3課 이거 얼마예요?（これはいくらですか）———————————————— 30
　　　文法(1) 漢数詞（일, 이, 삼, 사…）
　　　文法(2) 時の表現
　　　文法(3) 固有数字（하나, 둘, 셋, 넷…）
　応用編 ———————————————— 36
　　　● 文法用語
　　　文法(1) －하고（와／과）（～と）
　　　文法(2) －아요／어요（～です／～ます ・「요」体）

　　　　文法(3)　-도（〜も）
　　　　文法(4)　-(으)세요（〜してください／〜なさい）
　　　　　単語④　料理
第4課　얼마나 걸립니까?（どれぐらいかかりますか）――――42
　　　　文法(1)　-에（〜に）
　　　　文法(2)　-에서（〜で／〜から）
　　　　文法(3)　-까지（〜まで／〜までに）
　　　　文法(4)　-ㅂ니다/습니다（〜です／〜ます・「니다」体）
　　　　　単語⑤　飲み物
　　　応用編 ――――――――――――――――――――46
　　　　文法(1)　-(으)러 가다/오다（〜しに行く／来る）
　　　　文法(2)　-(으)로（〜で）
　　　　文法(3)　안-／-지 않다（〜しない、〜くない）
　　　　　単語⑥　私の家族
　　　　　● 韓国のお金
第5課　어느게 사쿠라 씨 거예요?
　　　（どれがさくらさんのものですか）――――――――52
　　　　文法(1)　-가/이 아니다（〜ではない）
　　　　文法(2)　-의（〜の）
　　　　文法(3)　指示詞2
　　　　　● 韓国の干支
　　　応用編 ――――――――――――――――――――56
　　　　文法(1)　-있다（〜ある／いる）・-없다（ない／いない）
　　　　文法(2)　-(이)네요/(이)군요（〜ですね）
　　　　　単語⑦　体の部位
第6課　수영을 더 좋아해요.（水泳がもっと好きです）――――60
　　　　文法　　-를/을 좋아하다（〜が好きだ）
　　　　　● 接続詞
　　　　　単語⑧　季節・天気
　　　　　単語⑨　乗り物
第7課　두 시간 밖에 못 잤어요.（2時間しか寝ていません）――64
　　　　文法(1)　-았/었（〜た（過去））
　　　　文法(2)　못-／-지 못하다（〜出来ない）

vii

● 韓国の伝統結婚式

応用編 ───────────────68
　　文法(1) －아서／어서（～なので、～して）
　　文法(2) －(으)ㄹ 수 있다（～することが出来る）
　　　　　 －(으)ㄹ 수 없다（～することが出来ない）
● 誕生日とわかめスープ
● 禁縄
● 百日と一歳の誕生日

第8課 식사하러 갈까요?（食事に行きましょうか）───────72
　　文法(1) －고 있다（～している）
　　文法(2) －(으)ㄹ까요?（～しましょうか、～でしょうか）
　　文法(3) －(으)면서（～しながら）
　　文法(4) －(으)니까（～から、～ので）

応用編 ───────────────76
　　文法(1) －(으)ㅂ시다（～しましょう）
　　文法(2) －(으)ㄹ게요（～しますから）
　　単語⑩　方向・位置

第9課 여보세요?（もしもし）───────────────80
　　文法　　－(으)면（～と、～ば、～たら、～なら）

応用編 ───────────────82
　　文法(1) －지만（～けれども）
　　文法(2) －고（～して、～で）
● 韓国の年中行事

第10課 서울에서 살고 싶어요.（ソウルで暮らしたいです）──86
　　文法　　－고 싶다（～がしたい）

応用編 ───────────────88
　　文法　　－ㄴ데／는데（～のだが）

疑問詞まとめ	─────90
発音の変化	─────91
助詞のまとめ	─────93
単語リスト(韓-日)	─────95
単語リスト(日-韓)	─────103

viii

● ミニ会話（미니회화）

ミニ会話①	안녕하세요? 예, 안녕하십니까?	6
	（こんにちは。はい、こんにちは。）	
ミニ会話②	잘 지내요? 네, 덕분에요.	8
	（お元気ですか。ええ、お陰様で。）	
ミニ会話③	안녕히 가세요. 네, 또 만나요.	11
	（さよなら。はい、また会いましょう。）	
ミニ会話④	감사합니다. 천만에요.	17
	（どうもありがとう。どういたしまして。）	
ミニ会話⑤	미안합니다. 괜찮아요.	28
	（すみません。構いません。）	
ミニ会話⑥	다녀 오세요. 다녀 오겠습니다.	49
	（行ってらっしゃい。行ってきます。）	
ミニ会話⑦	이거 어때요? 잘 어울리네요.	58
	（これはどうですか。お似合いですね。）	
ミニ会話⑧	잘 먹겠습니다. 잘 먹었습니다.	63
	（いただきます。ごちそうさま。）	
ミニ会話⑨	어서 들어오세요. 실례하겠습니다.	70
	（どうぞ、お入りください。失礼します。）	
ミニ会話⑩	아시겠어요? 예, 알겠습니다.	78
	아뇨, 잘 모르겠습니다.	
	（分かりましたか。はい、分かりました。	
	いいえ、よく分かりません。）	
ミニ会話⑪	천천히 말해 주세요. 네, 알겠어요.	84
	（ゆっくり言ってください。はい、分かりました。）	
ミニ会話⑫	생일 축하합니다! 정말 고맙습니다.	90
	（お誕生日おめでとうございます。	
	本当にありがとうございます。）	

(1) 한글（ハングル）

　한글は、朝鮮半島で使われている言葉を書き表す文字のことです。한글は文字の名前ですので、ハングル語という言い方は誤りです。한글の「한ハン」は「偉大な」、「글グル」は「文字」という意味を持っています。한글は漢字やアラビア数字などに直接由来しない独自の文字で、発音を科学的に分析し書き表したもので、世界でもっとも合理的で覚えやすい文字だといわれています。한글は1443年、朝鮮王朝（当時の国名）第4代の王である세종（世宗・セジョン）大王が当時使用されていた漢字が韓国語と構造が異なる中国語表記による文字体系であったため、多くの民衆たちが自由自在に使えない事実を残念に思い、200人近くの집현전（集賢殿・チピョンゾン）の学者達の協力を得て、韓国語表記に適合した文字体系を完成させ、1446年「훈민정음」（訓民正音・フンミンジョンウム＝民衆に訓える正しい音）という名前で公布したものです。これが19世紀末、国語学者の주시경（周時經・チュシギョン）によって한글と呼ばれるようになったといわれています。韓国では「訓民正音」が公布された日を記念して、10月9日を한글날（ハングルの日）と定めています。「訓民正音」は国宝第70号に指定されており、1997年10月ユネスコ世界記録遺産に登録されました。ユネスコは1989年に世界各国で文盲撲滅事業に貢献した個人や団体に贈られる功労賞を「세종대왕상（世宗大王賞）」と名付け、毎年9月に授与しています。

세종대왕（世宗大王・セジョンデワン）

(2) 한글（ハングル）の仕組み

　한글（ハングル）は、日本語とは違って、子音（しいん）と母音（ぼいん）の組み合わせで成り立っていて、1文字は1音節（ひと息で発音される音の単位）を表す「表音文字」です。한글（ハングル）の仕組みは、사[sa]、수[su]のような「子音＋母音」で構成されるものと、삼[sam]、순[sun]のように「子音＋母音＋子音」で構成されるものの二通りがあります。

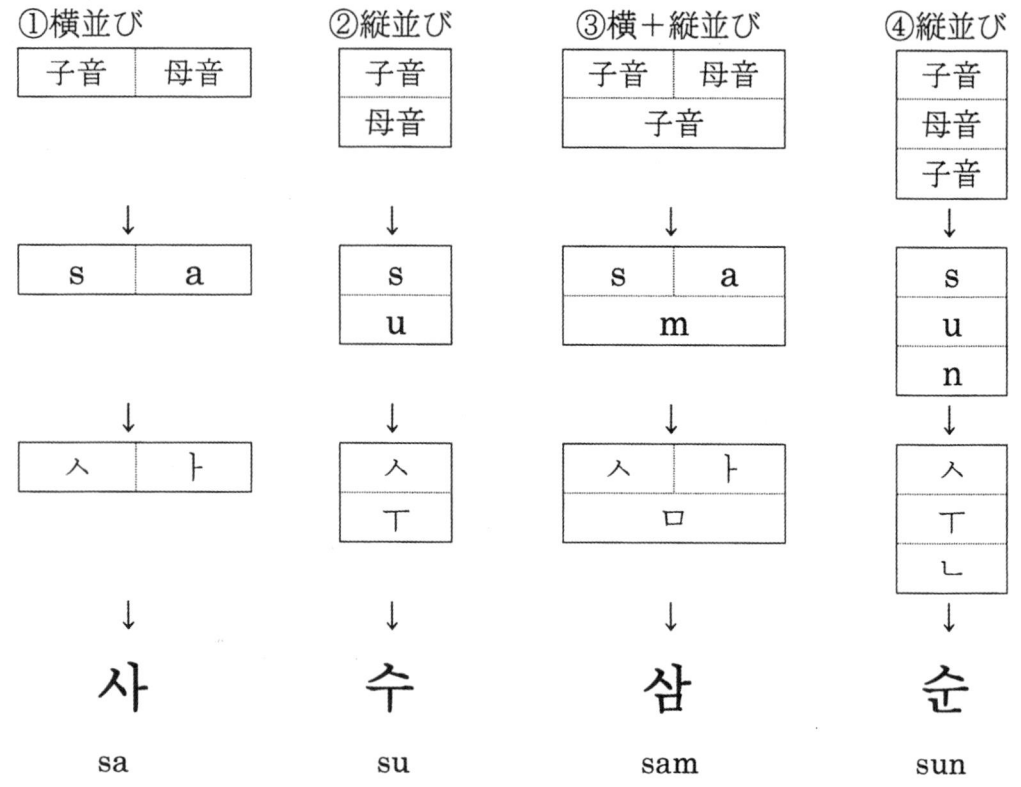

| （3）韓国語の文法 | |

韓国語： 친구와 차를 마십니다. （原形：마시다）
　　　　（意味→友達と　お茶を　飲みます）
日本語： 友達と お茶を 飲みます。（原形：飲む）

●韓国語と日本語の共通点としては、次のような点を挙げることが出来ます。
　① 語順がほとんど似ている。
　② 助詞があり、用言、語尾の活用がある。
　③ 尊敬語・丁寧語・謙譲語がある。
　④ 漢字語が多く、漢字語の場合、日本語と発音が似ているものが多い。
　　　例）無理（무리[muri]）、詐欺（사기[sagi]）
　⑤ 語種は、固有語・漢字語・外来語・混種語からなります。
　　　固有語：하늘（そら）
　　　漢字語：가족（家族）
　　　外来語：바나나（バナナ＝banana）
　　　混種語：미니회화（ミニ会話）

● 韓国語と日本語の異なる点は、韓国語はハングルだけで表記するので、分かち書き（띄어쓰기・トィオスギ）＝単語ごとに離して書く）をする。助詞は前にくる体言に付けて書きます。

　　例）친구와 차를 마십니다.

（4）南北（大韓民国と朝鮮民主主義人民共和国）のことばの違い

南北のことばの違いはあまりありませんが、以下のようなところでは若干違いがあります。（朝鮮民主主義人民共和国＝北朝鮮、大韓民国＝韓国）

	友達	臨時	郵便局	税金を払う
韓国	친구	임시	우체국	세금을 내다
北朝鮮	동무	림시	우편국	세금을 바치다

記号の説明

●音声記号［j］について

「ㅑ，ㅕ，ㅛ，ㅠ」の音声記号は、それぞれ［ja］［jɔ］［jo］［ju］ですが、このテキストでは、理解度を高めるため［ya］［yɔ］［yo］［yu］のように［j］を［y］で表記することにしました。

●その他の記号について

　［　］内には発音記号や読み方を表しました。
　（　）内には意味を表しました。
　※ は、参考文章・参考文法を記しました。
　／ は、「または」という意味です。
CD-○○は、音声が出ます。

오복주머니（五福袋）

（5） 母音（모음）

母音字は「天・地・人」を象徴する「・」「ー」「｜」の３つを基本にして作られ、これら３つの組み合わせによって基本母音「ㅏ, ㅑ, ㅓ, ㅕ, ㅗ, ㅛ, ㅜ, ㅠ, ㅡ, ㅣ」10個が出来ます。これらを基本母音といいます。

| 天（・）、地（ー）、人（｜）　例）｜＋・→ ㅏ, ・＋ー→ ㅗ |

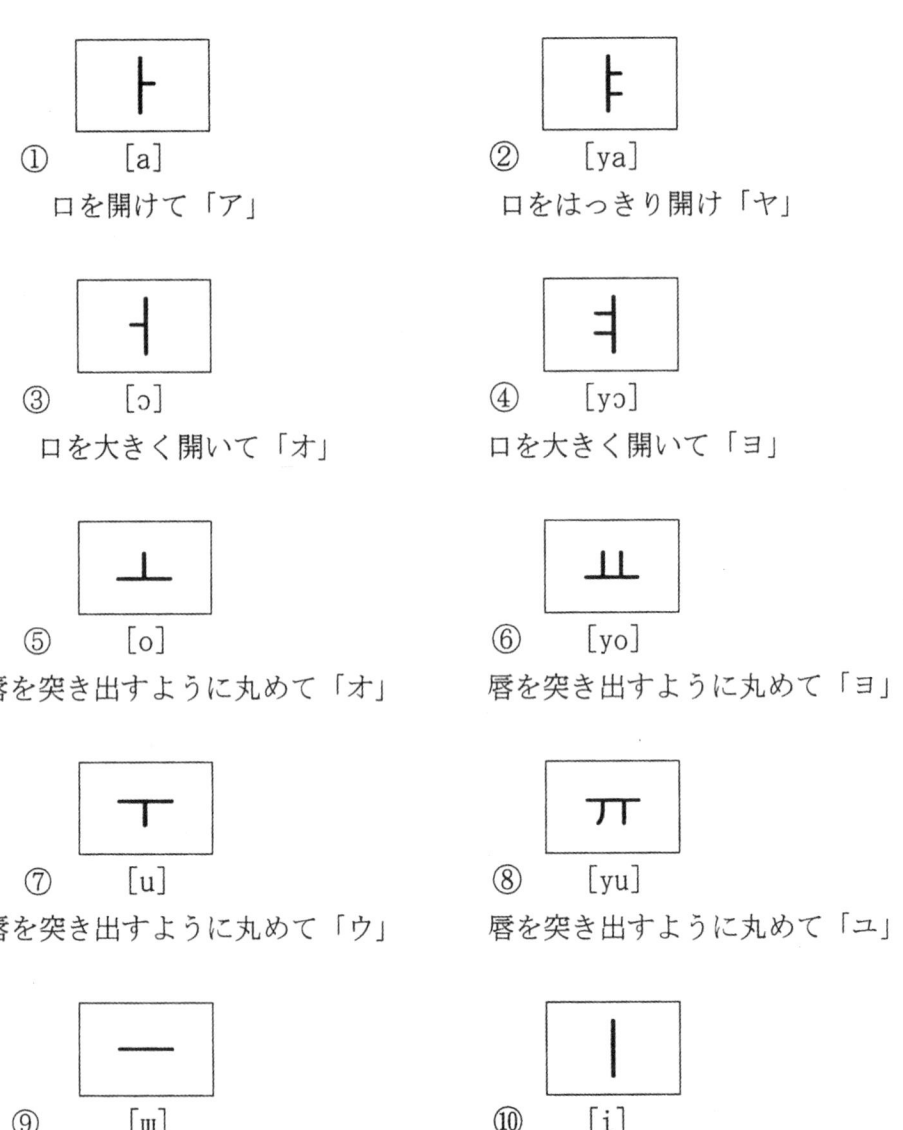

① ㅏ [a]　口を開けて「ア」

② ㅑ [ya]　口をはっきり開け「ヤ」

③ ㅓ [ɔ]　口を大きく開いて「オ」

④ ㅕ [yɔ]　口を大きく開いて「ヨ」

⑤ ㅗ [o]　唇を突き出すように丸めて「オ」

⑥ ㅛ [yo]　唇を突き出すように丸めて「ヨ」

⑦ ㅜ [u]　唇を突き出すように丸めて「ウ」

⑧ ㅠ [yu]　唇を突き出すように丸めて「ユ」

⑨ ㅡ [ɯ]　唇を横に引いて「ウ」

⑩ ㅣ [i]　唇を横に引いて「イ」

한글（ハングル）の書き順は基本的に左から右へ、上から下へとなります。ハングルの母音だけを書く時は、母音の左、もしくは上に無音である子音［ㅇ］を付けます。母音［ㅏ］だけでも「ア」という発音になりますが、実際の文字として書く時には「子音＋母音」の組み合わせで、［ㅏ］の左側に［ㅇ］を付けて［아］と表記します。基本母音の中で［ㅇ］が左側に付くのは「ㅏ，ㅑ，ㅓ，ㅕ，ㅣ」で、上に付くのは「ㅗ，ㅛ，ㅜ，ㅠ，ㅡ」です。

[ㅏ] → [아]　　　　[ㅗ] → [오]

● 書いて発音してみよう！　CD·2

		練　習			
① ㅏ	ㅏ	아	아		
② ㅑ	ㅑ	야	야		
③ ㅓ	ㅓ	어	어		
④ ㅕ	ㅕ	여	여		
⑤ ㅗ	ㅗ	오	오		
⑥ ㅛ	ㅛ	요	요		
⑦ ㅜ	ㅜ	우	우		
⑧ ㅠ	ㅠ	유	유		
⑨ ㅡ	ㅡ	으	으		
⑩ ㅣ	ㅣ	이	이		

☀ ㅓ[ɔ]（広いオ）とㅗ[o]（狭いオ）の音、ㅡ[ɯ]（広いウ）とㅜ[u]（狭いウ）の音の区別が大変難しいのですが、次のページを参考にしながら発音練習をしてみましょう。

● 母音の発音練習

아 [a] 야 [ya] 어 [ɔ] 여 [yɔ]	：口を大きく開く
오 [o] 요 [yo] 우 [u] 유 [yu]	：唇を突き出すように丸める
으 [ɯ] 이 [i]	：唇を横に引くように

● 読んで、書いてみよう！ CD-3

① 이（歯・数字の二）　② 오（数字の五）　③ 오이（キュウリ）
　_____　　_____　　_____

④ 우아（優雅）　　　　⑤ 여우（きつね）　　⑥ 여유（余裕）
　_____　　_____　　_____

⑦ 요（敷きふとん）　　⑧ 우유（牛乳）　　　⑨ 아이（子供）
　_____　　_____　　_____

● ミニ会話（미니회화）① CD-4

"안녕하세요?" は、朝や夜にも使える挨拶のことばですが、家庭内ではあまり使いません。"안녕하십니까?" も、朝や夜にも使える挨拶のことばですが、"안녕하세요?" よりもっと改まった形です。

（6） 重母音（중모음）

基本母音 10 個の組み合わせで 11 個の新たな母音[ㅐ，ㅒ，ㅐ，ㅖ，ㅘ，ㅙ，ㅚ，ㅝ，ㅞ，ㅟ，ㅢ]が作られます。このテキストではこれらを重母音と呼ぶことにします。重母音[ㅐ，ㅒ，ㅐ，ㅖ]は、[ㅏ，ㅑ，ㅓ，ㅕ]に[ㅣ]を加わった発音で、重母音[ㅘ，ㅙ，ㅚ，ㅝ，ㅞ，ㅟ]は、[ㅗ，ㅜ]と[ㅏ，ㅓ，ㅐ，ㅔ，ㅣ]が組み合わさると[w]が加わった発音になります。

CD-5

⑪ ㅏ + ㅣ = ㅐ [ɛ] 애	⑬ ㅓ + ㅣ = ㅔ [e] 에
⑫ ㅑ + ㅣ = ㅒ [yɛ] 얘	⑭ ㅕ + ㅣ = ㅖ [ye] 예
⑮ ㅗ + ㅏ = ㅘ [wa] 와	⑱ ㅜ + ㅓ = ㅝ [wɔ] 워
⑯ ㅗ + ㅐ = ㅙ [wɛ] 왜	⑲ ㅜ + ㅔ = ㅞ [we] 웨
⑰ ㅗ + ㅣ = ㅚ [we] 외	⑳ ㅜ + ㅣ = ㅟ [wi] 위

㉑ ㅡ + ㅣ = ㅢ [ɯi] 의 ⇒ 「語頭」　의사 → 으사 [ɯi] 医師
　　　　　　　　　　　　　　「語頭以外」 주의 → 주이 [i] 注意
　　　　　　　　　　　　　　「〜の」 나의 집 → 나에 집[e] 我が家

● 読んで、書いてみよう！ CD-6

① 사과（りんご）　② 서예（書道）　③ 왜（なぜ）

_____　　_____　　_____

④ 회의（会議）　⑤ 회화（会話）　⑥ 뒤（後ろ）

_____　　_____　　_____

⑦ 의자（椅子）　⑧ 뭐（何）　⑨ 노래（歌）

_____　　_____　　_____

● 書いて発音してみよう！

			練 習			
ㅐ			애	애		
ㅒ			얘	얘		
ㅔ			에	에		
ㅖ			예	예		
ㅘ			와	와		
ㅙ			왜	왜		
ㅚ			외	외		
ㅝ			워	워		
ㅞ			웨	웨		
ㅟ			위	위		
ㅢ			의	의		

● ミニ会話（미니회화）② CD-7

잘 지내요?

네, 덕분에요.

"잘 지내요?"は「お元気ですか」の意味で、"네, 덕분에요"は「はい、おかげさまで」の意味です。"네, 잘 지내요"「はい、元気です」と答えることも出来ます。

| （7） 子音（자음） | |

　子音には基本子音（14個）と重子音（5個）があります。基本子音は平音（9個）、激音（5個）と区別されます。重子音は濃音ともいいます。

| 基本子音 1 |

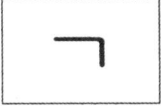

① [k/g] 기역（キヨク）
▶語頭：「カ」、語中：「ガ」行の子音

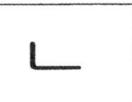

② [n] 니은（ニウン）
「ナ」行の子音

③ [t/d] 디귿（ティグッ）
▶語頭：「タ」、語中：「ダ」行の子音

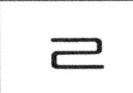

④ [r/l] 리을（リウル）
「ラ」行の子音

⑤ [m] 미음（ミウム）
「マ」行の子音

⑥ [p/b] 비읍（ピウプ）
▶語頭：「パ」、語中：「バ」行の子音

⑦ [s/ʃ] 시옷（シオッ）
「サ」行の子音

⑧ [無音/ŋ] 이응（イウン）
母音の前：無音、語の最後：「ン」の音

⑨ [ʧ/ʤ] 지읒（チウッ）
▶語頭：「チャ」、語中：「ジャ」行の子音

☀ ▶印の [ㄱ, ㄷ, ㅂ, ㅈ] は、母音などに挟まれると有声音化。

9

● 書いて発音してみよう！ CD-8

			練　習			
① ㄱ	ㄱ		가	가		
② ㄴ	ㄴ		나	나		
③ ㄷ	ㄷ		다	다		
④ ㄹ	ㄹ		라	라		
⑤ ㅁ	ㅁ		마	마		
⑥ ㅂ	ㅂ		바	바		
⑦ ㅅ	ㅅ		사	사		
⑧ ㅇ	ㅇ		아	아		
⑨ ㅈ	ㅈ		자	자		

● 読んで、書いてみよう！ CD-9

① 나이 (年齢)　　② 고구마 (さつま芋)　　③ 누나 (姉←弟)

_____　　　_____　　　_____

④ 우리 (我々)　　⑤ 나라 (国)　　⑥ 나비 (蝶々)

_____　　　_____　　　_____

⑦ 다리 (足)　　⑧ 모두 (みんな、全て)　　⑨ 머리 (頭)

_____　　　_____　　　_____

⑩ 어머니 (母)　　⑪ 아버지 (父)　　⑫ 누구 (誰)

_____　　　_____　　　_____

● 母音と子音の組み合わせ①

	ㅏ	ㅑ	ㅓ	ㅕ	ㅗ	ㅛ	ㅜ	ㅠ	ㅡ	ㅣ
ㄱ	가	야	거	겨	고	교	구	규	그	기
ㄴ										
ㄷ										
ㄹ										
ㅁ										
ㅂ										
ㅅ										
ㅇ										
ㅈ										

● ミニ会話（미니회화）③　CD-10

안녕히 가세요.

네, 또 만나요.

　韓国語の「さよなら」は、その場を去る人は"안녕히 계세요"、その場に残る人は"안녕히 가세요"を使います。同じに、その場を去る人は"잘 있어요"、残る人は"잘 가요"ともいいます。"또 만나요"は「また会いましょう」の意味です。

11

基本子音 2（激音）

激音（거센소리（コセンソリ））は、[ㅊ, ㅋ, ㅌ, ㅍ]の音で、[ㅈ, ㄱ, ㄷ, ㅂ]の音に1画加えたり形を少し変えたりして表記します。

ㅊ	ㅋ

⑩ [tʃʰ] 치읓（チウッ）　　　　⑪ [kʰ] 키읔（キウク）
　「チャ」行の子音　　　　　　　「カ」行の子音

ㅌ	ㅍ

⑫ [tʰ] 티읕（ティウッ）　　　　⑬ [pʰ] 피읖（ピウプ）
　「タ」行の子音　　　　　　　　「パ」行の子音

ㅎ

⑭ [h] 히읗（ヒウッ）
　「ハ」行の子音

● 書いて発音してみよう！　CD-11

		練　習			
⑩ ㅊ	ㅊ		차	차	
⑪ ㅋ	ㅋ		카	카	
⑫ ㅌ	ㅌ		타	타	
⑬ ㅍ	ㅍ		파	파	
⑭ ㅎ	ㅎ		하	하	

● 読んで、書いてみよう！ CD-12

① 차（車／お茶）　② 커피（コーヒー）　③ 파（ねぎ）

_____　_____　_____

④ 채소（野菜）　⑤ 고추（唐辛子）　⑥ 양파（玉ねぎ）

_____　_____　_____

⑦ 노트（ノート）　⑧ 포도（ぶどう）　⑨ 파도（波）

_____　_____　_____

⑩ 하나（ひとつ）　⑪ 오후（午後）　⑫ 해（太陽）

_____　_____　_____

● 母音と子音の組み合わせ②

	ㅏ	ㅑ	ㅓ	ㅕ	ㅗ	ㅛ	ㅜ	ㅠ	ㅡ	ㅣ
ㅊ	차	챠	처	쳐	초	쵸	추	츄	츠	치
ㅋ										
ㅌ										
ㅍ										
ㅎ										

● 한글의 성립

ㄱ　　ㄴ　　ㄹ　　ㅁ　　ㅅ

（8）　重子音（濃音）

　濃音（된소리）は、［ㄲ，ㄸ，ㅃ，ㅆ，ㅉ］の音で、のどを緊張させて息を出さないように発声します。激音は強く息を出す「有気音」ですが、濃音は息を出さない「無気音」です。

ㄲ

⑮ [ʔk] 쌍기역（サンギヨク）
「うっかり」の「っか」の音

ㄸ

⑯ [ʔt] 쌍디귿（サンディグッ）
「ぴったり」の「った」の音

ㅃ

⑰ [ʔp] 쌍비읍（サンビウプ）
「さっぱり」の「っぱ」の音

ㅆ

⑱ [ʔs] 쌍시옷（サンシオッ）
「あっさり」の「っさ」の音

ㅉ

⑲ [ʔch] 쌍지읒（サンジウッ）
「うっちゃり」の「っちゃ」の音

☀ 母音・子音の配列順

母音:아 애 야 얘 어 에 여 예 오 와 왜 외 요 우 워 웨 위 유 으 의 이
子音:ㄱ ㄲ ㄴ ㄷ ㄸ ㄹ ㅁ ㅂ ㅃ ㅅ ㅆ ㅇ ㅈ ㅉ ㅊ ㅋ ㅌ ㅍ ㅎ

● 読んでみよう！

平音		가	다	바	사	자
激音		카	타	파		차
濃音		까	따	빠	싸	짜

● 書いて発音してみよう！ CD-13

	練　習				
⑮ ㄲ	ㄲ		까	까	
⑯ ㄸ	ㄸ		따	따	
⑰ ㅃ	ㅃ		빠	빠	
⑱ ㅆ	ㅆ		싸	싸	
⑲ ㅉ	ㅉ		짜	짜	

● 母音と子音の組み合わせ③

	ㅏ	ㅑ	ㅓ	ㅕ	ㅗ	ㅛ	ㅜ	ㅠ	ㅡ	ㅣ
ㄲ	까	꺄	꺼	껴	꼬	꾜	꾸	뀨	끄	끼
ㄸ										
ㅃ										
ㅆ										
ㅉ										

● 読んで、書いてみよう！ CD-14

① 오빠（兄←妹）　② 토끼（ウサギ）　③ 아까（さっき）
　────────　　────────　　────────

④ 딸기（イチゴ）　⑤ 아가씨（お嬢さん）　⑥ 빵（パン）
　────────　　────────　　────────

（9）　받침（パッチム）

　삼 [sam]、순 [sun] のように、사 [sa] という文字の下に付く子音ㅁ [m] や、수 [su] という文字の下に付く子音ㄴ [n] を終声（받침）といい、「支える」という意味があります。받침の文字は 27 種類ありますが、発音は 7 種類（[ㄱ k,　ㄴ n,　ㄷ t,　ㄹ r,　ㅁ m,　ㅂ p,　ㅇ ŋ]）に集約されています。

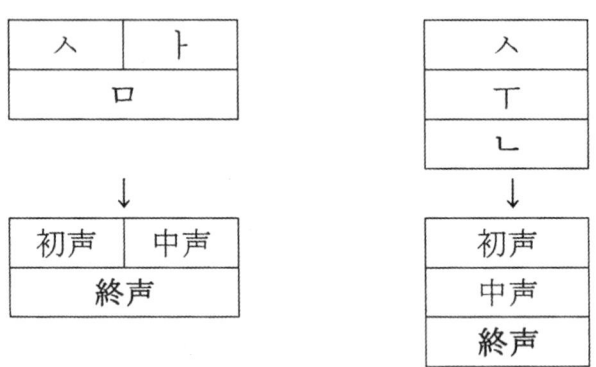

　　　받침（パッチム）　[ㄴ n, ㅁ m, ㅇ ŋ, ㄹ r]
　받침 [ㄴ n, ㅁ m, ㅇ ŋ] は鼻から抜ける音で、鼻音といい、받침 [ㄹ r] は舌先を口蓋（口腔のアーチ形をした上側部分）につけて発音する音で、流音といいます。

鼻音	ㄴ	[n]	あんない（[annai]안나이）	안	ㄴ, ㄵ, ㄶ
	ㅁ	[m]	さんま（[samma]삼마）	암	ㅁ, ㄻ
	ㅇ	[ŋ]	リンゴ（[riŋgo]링고）	앙	ㅇ
流音	ㄹ	[r]		알	ㄹ, ㄼ, ㄽ, ㄾ, ㅀ

● 読んでみよう！　CD-15

① 눈（目／雪）　② 매일（毎日）　③ 사람（人）　④ 강（川）

⑤ 이름（名前）　⑥ 일기（日記）　⑦ 사랑（恋）　⑧ 손（手）

⑨ 말（ことば）　⑩ 얼굴（顔）　⑪ 산（山）　⑫ 돈（金）

② 받침（パッチム）［ㄱ k, ㄷ t, ㅂ p］

받침［ㄱ k, ㄷ t, ㅂ p］は、すべて「ッ」と聞こえるかもしれませんが、「ッ」の音が少しずつ異なります。받침［ㄱ k, ㄷ t, ㅂ p］は、息を止めた時に出す音です。

받침	発音	例	発音例	받 침
ㄱ	[ᵏ]	がっかり（[gakkari]）	악 [aᵏ]	ㄱ, ㄲ, ㅋ, ㄳ, ㄺ
ㄷ	[ᵗ]	いった（[itta]）	앝 [aᵗ]	ㄷ, ㅌ, ㅅ, ㅆ, ㅈ, ㅊ, ㅎ
ㅂ	[ᵖ]	かっぱ（[kappa]）	압 [aᵖ]	ㅂ, ㅍ, ㅄ, ㄿ

複合終声（겹받침・二個のパッチム）は、「가, 나, 다…」の順序がより前の語を発音します。닭（鶏）の場合は、ㄹの音よりㄱの音の順番が早いので、［닥］と読みます。값（値段）は［갑］と読みます。ところが、삶, 읊다の場合は、삶→［삼］（生きること）のように右側の文字を発音します。

● 読んでみよう！　CD-16

① 밥（ご飯）　② 약（薬）　③ 대학（大学）　④ 밭（畑）

⑤ 밖（外）　⑥ 집（家）　⑦ 곧（すぐ）　⑧ 옷（服）

⑨ 기억（記憶）　⑩ 수업（授業）　⑪ 일본식（日本風）

●ミニ会話（미니회화）④　CD-17

感謝の気持ちを表すことばはいろいろですが、"감사합니다"が一番丁寧です。"감사해요" "고맙습니다" "고마워요"もあります。"고마워" "고맙다"は友達や目下の人に使う表現です。"천만에요"は「どういたしまして」という意味ですが、友達や目下の人には"천만에"を使います。

第1課　저는 이유나입니다.

CD-18

안녕하세요? （アンニョンハセヨ）	こんにちは。
저는 이유나입니다. （チョヌン イ ユナ イmニダ）	私はイ・ユナです。
학생입니다. （ハkセンイmニダ）	学生です。
만나서 반갑습니다. （マンナソ パンガpスmニダ）	お会い出来て嬉しいです。

처음 뵙겠습니다. （チョウm ペケスmニダ）	はじめまして。
서진수라고 합니다. （ソジンスラゴ ハmニダ）	ソ・ジンスといいます。
한국 사람입니다. （ハングk サラミmニダ）	韓国人です。
취미는 여행입니다. （チミヌン ヨヘンイmニダ）	趣味は旅行です。
잘 부탁합니다. （チャr ブタカmニダ）	よろしくお願いします。

語句

저	：私	뵙겠습니다[뵈께씀니다]
―는	：〜は	：お目にかかります
학생[학쌩]	：学生	―(이)라고 합니다[라고 함니다]
―입니다[임니다]	：〜です	：〜といいます
만나서	：会えて	취미 ：趣味
반갑습니다[방갑씀니다]		여행 ：旅行
	：嬉しいです	부탁합니다[부타캄니다]
처음	：初めて	：お願いします

文法（1）	－는／은（〜は）

「-는／은」は日本語の主題を表す助詞「〜は」に当たります。体言が母音で終わる場合（パッチムがない場合＝母音体言）は「는」が、子音で終わる場合（パッチムがある場合＝子音体言）は「은」が付きます。

① 母音体言：「는」が付く
　저 ＋ 는 → 저는（わたくしは）
　비 ＋ 는 → 비는（雨は）
② 子音体言：「은」が付く
　선생님　＋ 은 → 선생님은　　（先生は）
　한국 음식 ＋ 은 → 한국 음식은（韓国料理は）

文法（2）	名詞＋입니다（〜です）

原形は「이다（である）」です。体言が母音体言の場合も子音体言の場合も「입니다」を使います。

　가수　 → 가수입니다.　（歌手です）
　회사원 → 회사원입니다.（会社員です）

文法（3）	－(이)라고 합니다（〜といいます）

「〜と申します・〜といいます」の意味の「－(이)라고 합니다」は、母音体言の場合は「라고 합니다」、子音体言の場合は「이라고 합니다」が付きます。

① 母音体言：「-라고 합니다」が付く
　김지수 → 김지수라고 합니다　（キム・ジスといいます）
　이영주 → 이영주라고 합니다　（イ・ヨンジュといいます）
② 子音体言：「-이라고 합니다」が付く
　배용준 → 배용준이라고 합니다　（ペ・ヨンジュンといいます）
　서미숙 → 서미숙이라고 합니다　（ソ・ミスクといいます）

| 練習1 | 次の語を使って「Aは/은　Bです(AはBです)」という文を完成し、読んでみよう！

① 어머니 (母) , 주부 (主婦)
_____

② 아버지 (父) , 회사원 (会社員)
_____

③ 서울 (ソウル) , 처음 (初めて)
_____

④ 선생님 (先生) , 한국 사람 (韓国人)
_____

⑤ 형 (兄←弟) , 엔지니어 (エンジニア)
_____

⑥ 언니 (姉←妹) , 대학생 (大学生)
_____

| 練習2 | 以下の韓国語の意味を日本語で書いてみよう！

① 취미는 독서입니다　_____

② 오빠는 야구선수입니다　_____

③ 한국은 처음입니다　_____

④ 저는 일본 사람입니다　_____

⑤ 집은 서울입니다　_____

第1課 저는 이 유나입니다.

단어 (単語) ① 직업 (職業) CD-19

| 第 2 課 | 어디예요? |

CD-20

사쿠라 : 실례합니다만, 우체국이 어디예요?
행 인 : 저기예요.
사쿠라 : 저 건물입니까?
행 인 : 네, 그렇습니다.
사쿠라 : 감사합니다.

さくら ： 失礼ですが、郵便局はどこですか。
通行人 ： あそこです。
さくら ： あの建物ですか。
通行人 ： はい、そうです。
さくら ： ありがとうございました。

語句

실례합니다만 [실례함니다만]
　　：失礼ですが、すみませんが
우체국　　　：郵便局
-이　　　　：〜が
어디　　　　：どこ
-예요? [에요?]：〜ですか
저기　　　　：あちら

저-　　　　：あの〜
건물　　　　：建物、ビル
-입니까?　　：〜ですか
네　　　　　：はい
그렇습니다 [그러씀니다]
　　　　　　：そうです

☀ 「はい」は、「예」「네」どちらも使えますが、「예」の方がより丁寧です。

| 文　法 (1) | －가／이 （～が） |

「－가／이」は日本語の主語を表す助詞「～が」に当たります。母音体言の場合は「가」が、子音体言の場合は「이」が付きます。

① 母音体言：「가」が付く
　　언니 ＋ 가 → 언니가　（姉が）
　　친구 ＋ 가 → 친구가　（友達が）

② 子音体言：「이」が付く
　　바람 ＋ 이 → 바람이　（風が）
　　눈　＋ 이 → 눈이　　（雪が）

☀「だれが」の韓国語は、「누구＋가→누가」のように「구」は省略されます。「私が」の場合は、「저＋가→제가」のように「저」に「ㅣ」を付けた後、「가」を付けます。

| 文　法 (2) | 名詞＋입니까? （～ですか） |

「－입니다（～です）」の文末語尾「다」を取って、疑問文の文末語尾「까?」を付けると疑問文「입니까?（～ですか）」になります。

학생입니다. （学生です）　　→　학생입니까?　（学生ですか）
회사원입니다. （会社員です） →　회사원입니까? （会社員ですか）

練習1　次の語を使って「A가／이　B입니까?（AはBですか）」という文を完成してみよう！

① 여기 （ここ）, 서울역 （ソウル駅）　＿＿＿＿＿＿＿＿＿＿＿＿＿＿

② 고향 （故郷）, 어디 （どこ）　＿＿＿＿＿＿＿＿＿＿＿＿＿＿＿＿＿

③ 외국여행 （海外旅行）, 처음 （はじめて）　＿＿＿＿＿＿＿＿＿＿＿

④ 취미 (趣味), 무엇 (何) _____

⑤ 누가 (誰が), 언니 (姉) _____

| 文　法 (3) | 指示詞1 (이, 그, 저, 어느) |

　日本語の「この〜」、「その〜」、「あの〜」、「どの〜」に対応する表現です。話し手の近くにあるものは「이－」、聞き手に近いものは「그－」、話し手からも聞き手からも遠いものには「저－」を用います。「どの〜」は「어느－」を用いますが、「どの人」の場合は「누구」となります。

	〜の	〜れ	〜こ (場所)	〜ちら(方向)	〜人
こ	이	이것 (이거)	여기	이쪽	이 사람
そあ	그	그것 (그거)	거기	그쪽	그 사람
	저	저것 (저거)	저기	저쪽	저 사람
ど	어느	어느 것 (어느 거)	어디	어느 쪽	누구

練習2　次の単語に「이・그・저・어느」を付けて書いてみよう！

① 그림 (絵)　　이 그림　　그 그림　　저 그림　　어느 그림

② 노래 (歌)　　_____　_____　_____　_____

③ 길 (道)　　_____　_____　_____　_____

④ 책 (本)　　_____　_____　_____　_____

⑤ 공책 (ノート)　_____　_____　_____　_____

⑥ 음식 (食べ物)　_____　_____　_____　_____

第2課 어디예요?

단어（単語）② 취미（趣味） CD-21

등산(登山)	수영(水泳)	볼링(ボーリング)
우표수집(切手集め)	요리(料理)	낚시(釣り)
배구(バレーボール)	테니스(テニス)	야구(野球)
골프(ゴルフ)	스키(スキー)	농구(バスケットボール)
영화감상(映画鑑賞)	독서(読書)	요가(ヨガ)

25

第2課　応用編　CD-22

> 사쿠라 : 미안합니다만, 여기가 어디예요?
>
> 　행인 : 인사동이에요.
>
> 사쿠라 : 남대문시장은 어느 쪽입니까?
>
> 　행인 : 이 길을 쭉 가세요.
>
> 사쿠라 : 감사합니다.
>
> 　행인 : 천만에요.

さくら　：すみませんが、ここはどこですか。
通行人　：仁寺洞（インサドン）です。
さくら　：南大門市場（ナンデムンシジャン）はどちらですか。
通行人　：この道をまっすぐ行ってください。
さくら　：ありがとうございます。
通行人　：どういたしまして。

語句

미안합니다만[미아남니다만]	：すみませんが	길	：道
인사동	：仁寺洞	―을	：～を
（ソウルの昔からの骨董品通り）		쭉	：まっすぐ
―이에요	：～です	―세요	：～てください
남대문시장	：南大門市場	천만에요[천마네요]	：どういたしまして

☀ 「미안합니다만」は「미안하지만」の丁寧な言い方です。
　「실례합니다만」は「실례하지만」の丁寧な言い方です。

| 文　法（1） | 名詞＋예요／이에요（〜です） | 「요体」 |

　「-예요／이에요」は日本語の「〜です」に当たります。母音体言の場合は「예요」が、子音体言の場合は「이에요」が付きます。「예요」と書きますが、「에요」と書かれることもあり、「에요」と発音されます。19頁の「입니다」と同じ意味ですが、「입니다」の方がより丁寧です。

① 　母音体言：「예요」が付く
　　모자 ＋ 예요　→　모자예요．　（帽子です）
② 　子音体言：「이에요」が付く
　　가방 ＋ 이에요　→　가방이에요．（カバンです）

☀ 「예요／이에요」の疑問形は「예요？／이에요？（〜ですか）」です。疑問文の場合は語尾を上げて発音します。
　　모자예요？↗（帽子ですか）　　가방이에요？↗（カバンですか）

| 文　法（2） | －를／을（〜を） |

　「-를／을」は日本語の目的を表す助詞「〜を」に当たります。母音体言の場合は「를」が、子音体言の場合は「을」が付きます。

① 　母音体言：「를」が付く
　　커피 ＋ 를　→　커피를 주세요．　　（コーヒーをください）
② 　子音体言：「을」が付く
　　비빔밥 ＋ 을　→　비빔밥을 주세요．（ビビンバをください）

☀ 着る（입다）と履く（신다）
　　입다：（옷을／코트를）입어요．　（服を／コートを）着ます。
　　　　　（바지를／치마를）입어요．（ズボンを／スカート）着ます。
　　신다：（구두를／양말을）신어요．（靴を／靴下）履きます。
☀ 「-를／을」が「に」になる場合
　　만나다(会う)：친구를 만나요．　　（友達に会います）
　　타다(乗る)　：버스를 타요．　　　（バスに乗ります）
　　ある動作をしに行く：등산을 가요．（登山に行きます）

練習1　次の下線部分に「예요／이에요」を入れて言ってみよう！

① 신발（履物）＿＿＿＿　② 자전거（自転車）＿＿＿＿

③ 선배（先輩）＿＿＿＿　④ 오징어（スルメ）＿＿＿＿

⑤ 물（水）＿＿＿＿　⑥ 오토바이（オートバイ）＿＿＿＿

練習2　次の下線部分に「를／을（～を）」を入れて書いてみよう！

① 국수（麺類）＿＿＿＿　② 수박（スイカ）＿＿＿＿

③ 라면（ラーメン）＿＿＿＿　④ 김밥（海苔巻き）＿＿＿＿

⑤ 바나나（バナナ）＿＿＿＿　⑥ 단어（単語）＿＿＿＿

⑦ 영어（英語）＿＿＿＿　⑧ 돈（お金）＿＿＿＿

● ミニ会話（미니회화）⑤　CD-23

> 미안합니다.

> 괜찮아요.

　"미안합니다"は、謝罪の言葉で、より丁寧な言い方としては"죄송합니다"があります。その他"죄송해요""미안해요"もあります。"미안해""미안하다"は、友達や目下の人に使います。"괜찮아요"は「構いません／大丈夫です」という意味で、友達や目下の人には"괜찮아""괜찮다"を使います。

단어 (単語) ③ 장소 (場所) CD·24

화장실(トイレ)	시장(市場)	대학교(大学)
사우나(サウナ)	지하철역(地下鉄駅)	파출소(交番)
PC방(インターネットカフェ)	호텔(ホテル)	공원(公園)
회사(会社)	병원(病院)	공항(空港)
레스토랑(レストラン)	버스정류장(バス停)	동물원(動物園)

第3課　이거 얼마예요?

CD-25

주 인 : 어서 오세요.
사쿠라 : 이거 얼마예요?
주 인 : 사천 원입니다.
사쿠라 : 그럼, 세 개 주세요.
주 인 : 예, 만이천 원입니다.
사쿠라 : 여기 있습니다.
주 인 : 감사합니다. 또 오세요.

主　人：いらっしゃいませ。
さくら：これはおいくらですか。
主　人：4,000ウォンです。
さくら：それでは、3個ください。
主　人：はい、（全部で）12,000ウォンです。
さくら：はい、どうぞ（何かを手渡しながら）。
主　人：ありがとうございます。またお越しください。

語句

얼마	: いくら
ー원	: ウォン
그럼（그러면）	: それでは
세 개	: 3個
주세요	: ください
여기 있습니다[여기 이씀니다] : （何かを手渡しながら）はい、どうぞ
또	: また
오세요	: 来てください

| 文　法（1） | 漢数詞（일, 이, 삼, 사…） |

韓国語の数詞には、「漢数詞」と「固有数詞」の2種類があります。まず、漢数詞には、お金・電話番号・階・学籍番号・学年・〜年〜月〜日・(時間の) 〜分・〜秒・〜kg・〜cmなどの時に使います。

名　称		練　習	名　称		練　習
0	공 / 영		10	십	
1	일		20	이십	
2	이		30	삼십	
3	삼		40	사십	
4	사		50	오십	
5	오		60	육십	
6	육		70	칠십	
7	칠		80	팔십	
8	팔		90	구십	
9	구		100	백	

☀ 千と万の前には「일（一）」を付けないのが普通ですが、億と兆の場合は、일억（一億），일조（一兆）のように「일（一）」を付けます。さらに、「6月」は「유월」、「10月」は「시월」と発音します。

1月	2月	3月	4月	5月	6月	7月	8月	9月	10月	11月	12月
일월	이월	삼월	사월	오월	유월	칠월	팔월	구월	시월	십일월	십이월

百	千	万	十万	百万	千万	億	兆
백	천	만	십만	백만	천만	억	조

練習1　次の数字を韓国語で読んでみよう！

① 21　　② 43　　③ 55　　④ 896　　⑤ 387　　⑥ 540

⑦ 7,200　⑧ 2,431　⑨ 6,045　⑩ 49,000　⑪ 73,800

⑫ 37,520　　⑬ 42,030　　⑭ 316,000　　⑮ 839,000

練習2　例のように文を作ってみよう！

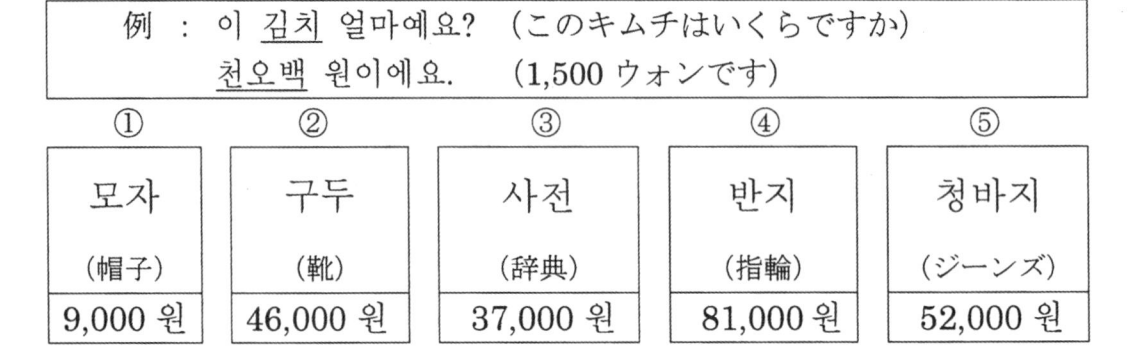

> 例 :　이 김치 얼마예요?　（このキムチはいくらですか）
> 　　　천오백 원이에요.　　（1,500 ウォンです）

①	②	③	④	⑤
모자 （帽子） 9,000 원	구두 （靴） 46,000 원	사전 （辞典） 37,000 원	반지 （指輪） 81,000 원	청바지 （ジーンズ） 52,000 원

文　法 (2)	時の表現

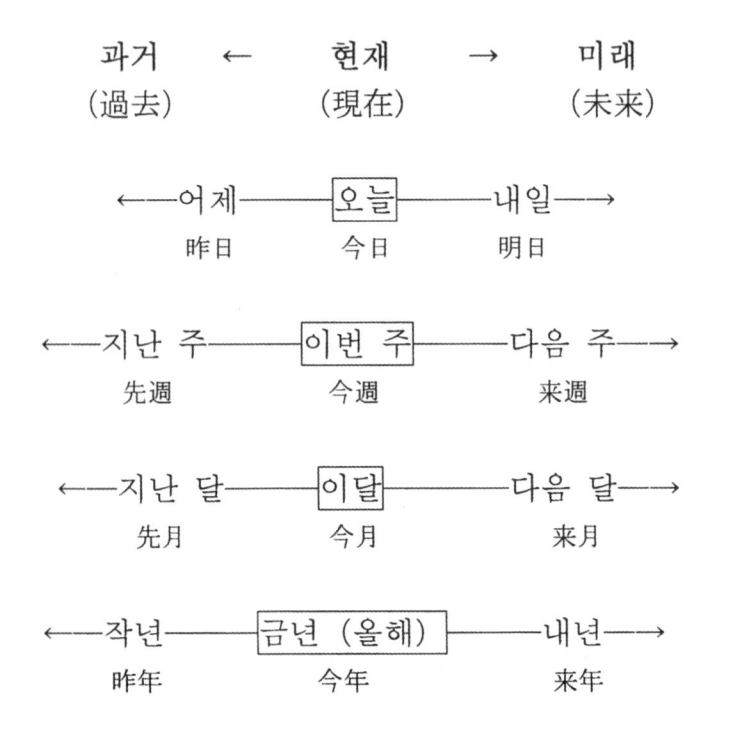

　　　과거　←　　현재　　→　미래
　　（過去）　　（現在）　　（未来）

←―어제―― 오늘 ――내일―→
　　昨日　　　今日　　　明日

←―지난 주―― 이번 주 ――다음 주―→
　　先週　　　今週　　　来週

←―지난 달―― 이달 ――다음 달―→
　　先月　　　今月　　　来月

←―작년―― 금년 (올해) ――내년―→
　　昨年　　　今年　　　来年

● 5월은 감사의 달 (5月は感謝の月)

日曜日 일요일	月曜日 월요일	火曜日 화요일	水曜日 수요일	木曜日 목요일	金曜日 금요일	土曜日 토요일
		1日 일일	2日 이일 지난 주	3日 삼일 첫째 주	4日 사일	5日 오일 어린이 날
6日 육일	7日 칠일	8日 팔일 어제	9日 구일 오늘 어버이 날	10日 십일 내일 둘째 주	11日 십일일	12日 십이일
13日 십삼일	14日 십사일	15日 십오일 스승의 날	16日 십육일 다음 주	17日 십칠일 셋째 주	18日 십팔일	19日 십구일
20日 이십일	21日 이십일일	22日 이십이일	23日 이십삼일	24日 이십사일 넷째 주	25日 이십오일	26日 이십육일
27日 이십칠일	28日 이십팔일	29日 이십구일	30日 삼십일	31日 삼십일일 마지막 주		

☀어린이 날 (子供の日), 어버이 날 (両親の日), 스승의 날 (恩師の日)
☀첫째 주 (第一週目), 둘째 주 (第二週目), 셋째 주 (第三週目),
　넷째 주 (第四週目), 마지막 주 (最後の週)
☀무슨 요일 (何曜日), 무슨 날 (何の日), 며칠 (何日), 언제 (いつ)

練習3　5月のカレンダーを参考にして次の文を完成してみよう!

① 오늘은 무슨 요일이에요?　　　＿＿＿＿＿＿＿＿＿
　（今日は何曜日ですか）　　　　　　（火曜日です）

② 오늘은 며칠이에요?　　　　　＿＿＿＿＿＿＿＿＿
　（今日は何日ですか）　　　　　　　（5月 8日です）

③ 생일이 언제예요?　　　　　　＿＿＿＿＿＿＿＿＿
　（誕生日はいつですか）　　　　　　（5月 12日です）

| 文　法（3） | 固有数詞（하나, 둘, 셋, 넷…） |

固有数詞は、個数・枚数・時間などに使い、1〜99まであります。100以上は、漢数詞（백, 천, 만…）で数えます。

名　称		練　習	名　称		練　習
1つ	하나		20	스물	
2つ	둘		30	서른	
3つ	셋		40	마흔	
4つ	넷		50	쉰	
5つ	다섯		60	예순	
6つ	여섯		70	일흔	
7つ	일곱		80	여든	
8つ	여덟		90	아흔	
9つ	아홉		99	아흔아홉	
とお	열		100	백	

☀「하나・둘・셋・넷」そして「스물」は、名詞や助数詞の前では「한・두・세・네」と「스무」の形に変わるのが普通です。

하나 → 한,	둘 → 두,	셋 → 세,	넷 → 네,	스물 → 스무
한 시	두 시	세 시	네 시	스무 시
(1時)	(2時)	(3時)	(4時)	(20時)

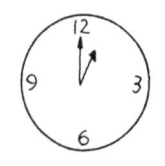

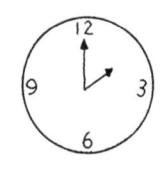

● 助数詞

対象名詞	単位名詞	対象名詞	単位名詞
物	개 (個)	ボトル	병 (本)
人・名	사람・명・분 (方)	紙・切手	장 (枚)
時間	시 (時)	お茶・水	잔 (杯)
年齢	살 (歳)	鉛筆	자루 (本)
回数	번 (度)	花	송이 (本)
車・テレビ	대 (台)	木	그루 (本・株)
動物	마리 (匹)	靴・靴下	켤레 (足・組)
ノート・本	권 (冊)	衣類	벌 (着)
手紙・ガム	통 (通・箱)	お菓子	봉지 (袋)

練習4　次の例のように注文してみよう!

例： 커피 한 잔 주세요. (コーヒーを一杯ください。)

① 콜라(コーラ), 2　② 사과(りんご), 7　③ 복숭아(桃), 10

④ 금붕어(金魚), 6　⑤ 종이(紙), 20　⑥ 장미(バラの花), 8

⑦ 우표(切手), 4　⑧ 사전(辞典), 2　⑨ 우산(傘), 1

⑩ 연필(鉛筆), 3　⑪ 과자(お菓子), 5　⑫ 녹차(緑茶), 3

● 時刻

한 시 십 분　　세 시 이십 분　　열 시 오십 분　　열한 시 반
　　　　　　　　　　　　　　　(열한 시 십 분전)

오전(午前), 오후(午後), 전(前), 후(後), 정각(ちょうど), 반(半), 쯤・경(頃)

第3課 応用編　CD-26

주인 : 어서 오세요. 몇 분이세요?

손님 : 세 명입니다.

주인 : 이쪽으로 앉으세요. 뭘로 하시겠어요?

손님 : 비빔밥 하나하고 두부찌개 이인분,
　　　　그리고 맥주 두 병 주세요.

주인 : 예, 잠시만 기다리세요.

　　主人：いらっしゃいませ。何名様でしょうか
　お客さん：3人です。
　　主人：こちらへお座りください。何になさいますか。
　お客さん：ビビンバ1つと豆腐チゲ2人前、それにビール2本ください。
　　主人：はい、少々お待ちください。

語句

몇 분[며뿐]	：何名様	비빔밥[비빔빱]	：ビビンバ
−(이)세요?		−하고	：〜と
	：〜でいらっしゃいますか	두부찌개	：豆腐チゲ
−이쪽으로[이쪼그로]		이인분	：2人前
	：〜こちらに	그리고	：そして
−(으)세요	：〜てください	맥주[맥쭈]	：ビール
뭘로(무엇으로)	：何に	잠시만	：少し、しばらく
하시겠어요?	：なさいますか	기다리세요	：お待ちください

● 文法用語

〇基本用語
用言…動詞(가다)・形容詞(높다)・存在詞(있다)・指定詞(이다)
原形…用言（動詞・形容詞・存在詞・指定詞）：辞書に載っている形
語幹…用言の原形から「다」を取った残りの部分　　오 다
体言…名詞・代名詞・数詞

① パッチムの有無に影響を受ける
母音語幹用言…語幹が母音で終わっている用言　　오 다
ㄹ語幹用言…語幹が子音のㄹで終わっている用言　　살 다
子音語幹用言…語幹が子音で終わっている用言　　먹 다

② （語幹の）母音の形に影響を受ける
陽母音…母音字のうち、「ㅏ, ㅗ, ㅑ, ㅘ」のこと
陰母音…陽母音以外の母音字
陽語幹用言…語幹の最後の文字が陽母音の用言であるもの　　사 다
陰語幹用言…語幹の最後の文字が陰母音の用言であるもの　　마시 다

敬体…丁寧な言い方　「-ㅂ니다／-요」（～です、～ます）

文　法 (1)	－하고（－와／과）（～と）

　並立を表す助詞「～と」に当たります。母音体言、子音体言関係なく、そのまま使う「－하고」は、会話の中でよく使われます。「－와／과」の場合、母音体言の場合は「와」、子音体言の場合は「과」が付きます。

　　〇　「하고」が付く場合
　　　　엄마하고 아빠（ママとパパ）　　시간하고 돈（時間とお金）
　　①　母音体言：「와」が付く
　　　　편지와 봉투（手紙と封筒）　　개와 고양이（犬と猫）
　　②　子音体言：「과」が付く
　　　　음악과 시（音楽と詩）　　동양과 서양（東洋と西洋）

| 文　法 (2) | ー아요／어요（〜です／〜ます） | 「요体」 |

「ー아요／어요」は日本語の形容詞の「〜です」動詞の「〜します」に当たります。「아요」が付くものは、陽語幹用言（「ㅏ, ㅗ, ㅑ, ㅘ」）の時です。「어요」が付くものは、陰語幹用言の時です。このテキストでは、「받아요」のように文末語尾が「요」であるものを「요体」といい、「갑니다」のように「니다」であるものを「니다体」ということにします。

① | 陽語幹用言：「아요」が付く |
　　보다 → 보 ＋ 아요 → 보아요.（みます）
　　받다 → 받 ＋ 아요 → 받아요.（受け取ります）
② | 陰語幹用言：「어요」が付く |
　　먹다 → 먹 ＋ 어요 → 먹어요.（食べます）
　　입다 → 입 ＋ 어요 → 입어요.（着ます）

☀語幹が母音で終わる母音語幹の場合、「아／어」が除去・縮約される場合があります。さらに、하다は特別な不規則の変化をします。

除去　　가다（行く）　→　가　＋　아요　→　가요　（行きます）
　　　　서다（立つ）　→　서　＋　어요　→　서요　（立ちます）
縮約　　오다（来る）　→　오　＋　아요　→　와요　（来ます）
　　　　배우다（習う）→　배우＋　어요　→　배워요（習います）
ㅎ変則　하다（する）　→　하　＋　여요　→　해요　（します）

☀文末語尾が「요」である時は、形を変えずに語尾のイントネーションによって、次の平叙・疑問・勧誘・丁寧な命令の意味になります。
　　가요.（行きます）　　：平叙　　　　　가요?（行きますか）：疑問
　　가요.（行きなさい）：丁寧な命令　　가요.（行きましょう）：勧誘

| 文　法 (3) | ー도（〜も） |

「ー도」は追加を表す助詞「〜も」に当たります。母音体言でも子音体言でも、そのまま使います。
　　딸기도 맛 있어요.（イチゴも美味しいです）

| 文　法 (4) | －(으) 세요 (〜してください、〜しなさい) |

「－세요／으세요」は相手に対する丁寧な命令形です。母音語幹用言の場合は「세요」が、子音語幹用言の場合は「으세요」が付きます。

① 母音語幹用言：「세요」が付く
　　쓰다　→　쓰 ＋ 세요　→　쓰세요. (書いて下さい)
　(ㄹ語幹用言：ㄹ脱落＋세요)
　　만들다　→　만드 ＋ 세요　→　만드세요. (作って下さい)

② 子音語幹用言：「으세요」が付く
　　앉다　→　앉 ＋ 으세요　→　앉으세요. (座って下さい)

☀最後の語尾を上げて発音すると疑問形 (〜なさいますか) になります。
　가세요? ↗ (行かれますか)　　배우세요? ↗ (習われますか)

☀動詞の中には「(으)세요」を付けずに単語自体が他の尊敬語に変わることがあります。
　먹다 (食べる)／마시다 (飲む)　→　드시다 (召し上がる)　：드세요
　자다 (寝る)　　　　　　　　　　→　주무시다 (お休みになる)：주무세요
　있다 (いる)　　　　　　　　　　→　계시다 (いらっしゃる)　：계세요
　주다 (あげる)　　　　　　　　　→　드리다 (差し上げる)　：드리세요

| 練習 1 | 次は、左「〜ます」右「〜て下さい」の形に書いてみる！

① 공부하다(勉強する)　＿＿＿＿＿＿＿　＿＿＿＿＿＿

② 찾다(探す)　　　　＿＿＿＿＿＿＿　＿＿＿＿＿＿

③ 일어나다(起きる)　＿＿＿＿＿＿＿　＿＿＿＿＿＿

④ 도와 주다(手伝う)　＿＿＿＿＿＿＿　＿＿＿＿＿＿

⑤ 기다리다(待つ)　　＿＿＿＿＿＿＿　＿＿＿＿＿＿

練習2 次の語を使って「AとBを〜します」の形に書いてみる！

① 잡지(雑誌), 신문(新聞), 읽다(読む)
　_____

② 채소(野菜), 과일(果物), 사다(買う)
　_____

③ 편지(手紙), 메일(メール), 보내다(送る)
　_____

④ 텔레비전(テレビ), 영화(映画), 보다(みる)
　_____

⑤ 산(山), 들(野原), 그리다(描く)
　_____

練習3 以下の文章を韓国語で訳してみよう！

① リンゴを三個下さい。_____

② こちらにお座り下さい。_____

③ 明日はどこに行かれますか。_____

④ 午後、電話して下さい。_____

⑤ 本をたくさん読んで下さい。_____

⑥ 毎日日記をつけなさい。_____
　　　（＝書きなさい）

단어（単語）④ 요리（料理） CD-27

食べる（먹다）が付く名詞

김치찌개(キムチチゲ)    된장찌개(みそチゲ)    삼계탕(サンゲタン)

불고기(焼肉) 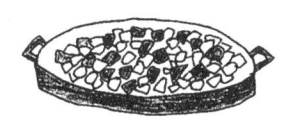   닭갈비(鶏肉カルビ)    갈비탕(カルビタン)

비빔밥(ビビンパ) 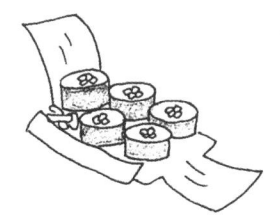   김밥(のり巻き)    냉면(冷麺)

햄버거(ハンバーガー) 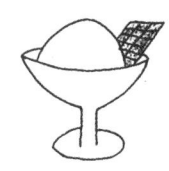   아이스크림(アイスクリーム)    케이크(ケーキ)

- 소갈비(牛カルビ)　● 돼지갈비(豚カルビ)　● 곰탕(コムタン)
- 두부찌개(豆腐チゲ)　● 회(刺身)　● 생선(魚)　● 나물(ナムル)
- 떡볶이(トッポッキ)　● 호떡(ホットック)　● 빵(パン)
- 샌드위치(サンドイッチ)　●핫도그(ホットドッグ)　● 오뎅(おでん)

第4課　얼마나 걸립니까?

CD-28

사쿠라 : 진수 씨 어디 가세요?

진수 : 대전에 갑니다.

사쿠라 : 서울에서 대전까지 얼마나 걸려요?

진수 : 기차로 약 한 시간 걸립니다.

사쿠라 : 무슨 일로 가세요?

진수 : 누나하고 매형을 만나러 가요.

사쿠라 : 두 분께 안부 전해 주세요.

さくら ： チンスさん、どこへ行かれるのですか。
チンス ： 大田（テジョン）に行きます。
さくら ： ソウルから大田（テジョン）までどれくらいかかりますか。
チンス ： 汽車で約一時間かかります。
さくら ： 何の用で行かれるのですか。
チンス ： 姉と義理の兄に会いに行くのです。
さくら ： お二人によろしくお伝えください。

語句

－에서	：～から	무슨	：何の
－까지	：～まで	일	：用事、仕事、こと
얼마나	：どれほど	매형	：義理の兄（←弟）
걸려요?	：かかりますか	－을 만나다	：～に会う
－로	：～で（手段・道具）	－러	：～しに
약	：およそ、約	－께	：～に（目上の人に）

| 文　法（1） | －에 （～に） |

　「－에」は場所や時を現す「～に」に当たる表現です。母音体言でも子音体言でも、そのまま使います。
① （帰着点）　　시내+ 에 → 시내에 나가요 （市内に出かけます）
② （場所）　오카야마+ 에 → 오카야마에 살아요.
　　　　　　　　　　　　　　　　　　（岡山に住んでいます）
③ （時）　　　　세 시+ 에 → 세 시에 약속이 있어요.
　　　　　　　　　　　　　　　　　　（3時に約束があります）
④ （数える単位） 한 개+ 에 → 사과 한 개에 얼마예요?
　　　　　　　　　　　　　　　　　　（りんご一個はいくらですか）
⑤ 人・動物には、「-에게／한테」を使います。「한테」は会話の中でよく使われています。目上の人には「께」を使います。
　　아이에게 용돈을 주어요.　　（子供にお小遣いをあげます）
　　어머니께 편지를 보내요.　　（お母さんに手紙を送ります）

☀ 「～に」は、助詞の後に「は」「も」のような助詞を組み合わせ、「～には」「～にも」のように使うことが出来ます。
　　방에는 아무도 없어요.　　　　（部屋には誰もいません）

| 文　法（2） | －에서 （～で、～から） |

　「－에서」は動作の場所を表す「～で」、出発の場所を表す「～から」に当たる表現です。
　　학교에서 한국어를 공부해요.　（学校で韓国語を学んでいます）
　　일본에서 친구가 와요.　　　　（日本から友達が来ます）

| 文　法（3） | －까지 （～まで、までに） |

　「－까지」は時間や空間を表す言葉と結合し、限界を表す「まで」「までに」に当たる表現です。
　　히로시마까지 차로 가요.　（広島まで車で行きます）
　　내일까지 꼭 전화하세요.　（明日までに必ず電話してください）

| 文　法 (4) | －ㅂ니다／습니다（～です、～ます）　「니다体」|

「－ㅂ니다／습니다」は日本語の形容詞の「～です」動詞の「～します」に当たります。母音語幹用言とㄹ語幹用言の場合は「ㅂ니다」が、子音語幹用言の場合は「습니다」が付きます。疑問形は「갑니다」の語尾「다」を「까?」に変えます。(例) 갑니다 → 갑니까?

① 　母音語幹：「ㅂ니다」が付く
　　가다　가 ＋ ㅂ니다　→　갑니다.　　（行きます）
　　오다　오 ＋ ㅂ니다　→　옵니다.　　（来ます）
　（ㄹ語幹用言：ㄹ脱落＋ㅂ니다）
　　살다　사 ＋ ㅂ니다　→　삽니다.　　（住みます）
　　울다　우 ＋ ㅂ니다　→　웁니다.　　（泣きます）

② 　子音語幹：「습니다」が付く
　　먹다　먹 ＋ 습니다　→　먹습니다.　　（食べます）
　　묻다　묻 ＋ 습니다　→　묻습니다.　　（尋ねます）

練習　次の単語を「－니다」と「－니까?」に書き直してみよう！

① 쓰다　　　　　　　　　⑧ 펴다
　（書く）　　　　　　　　（開く）
② 읽다　　　　　　　　　⑨ 좋다
　（読む）　　　　　　　　（良い）
③ 덥다　　　　　　　　　⑩ 자다
　（暑い）　　　　　　　　（寝る）
④ 없다　　　　　　　　　⑪ 좋아하다
　（ない）　　　　　　　　（好きだ）
⑤ 말하다　　　　　　　　⑫ 싫어하다
　（話す）　　　　　　　　（嫌いだ）
⑥ 걷다　　　　　　　　　⑬ 예쁘다
　（歩く）　　　　　　　　（きれいだ）
⑦ 춥다　　　　　　　　　⑭ 멀다
　（寒い）　　　　　　　　（遠い）

단어 (単語) ⑤　마실 것 (飲み物)　CD-29

飲む (마시다) が付く名詞

인삼차(人参茶)　유자차(ゆず茶)　생강차(ショウガ茶)

오미자차(五味子茶)　옥수수차(トウモロコシ茶)　홍차(紅茶)

커피(コーヒー)　콜라(コーラ)　사이다(サイダー)　주스(ジュース)

맥주(ビール)　양주(洋酒)　막걸리(濁酒)　소주(焼酎)

● 우롱차(ウーロン茶)　● 보리차(麦茶)　● 녹차(緑茶)　● 계피차(桂皮茶)

장독대 (チャントッテ・味噌がめ置き場)
味噌、醤油、キムチなどを保管する所です。普通、日当たりのいい所にあります。

第4課　応用編　CD-30

진수 : 사쿠라 씨 이번 휴가는 어떻게 보내세요?

사쿠라 : 나가노에 스키 타러 가요.

진수 : 아, 그래요?
　　　　나가노까지는 많이 멀어요?

사쿠라 : 아뇨, 별로 안 멀어요.
　　　　신칸센으로 약 한 시간 반 걸려요.

チンス　：さくらさん、今度の休みはどう過ごしますか。
さくら　：長野へスキーに行きます。
チンス　：あ、そうですか。
　　　　　長野までは遠いですか。
さくら　：いいえ、そんなに遠くありません。
　　　　　新幹線で約一時間半かかります。

語句

이번	：今度	스키 타러	：スキーをしに
휴가	：休暇、休み	많이[마니]	：随分、非常に
어떻게[어떠케]	：どう、どうやって	아뇨 (아니오)	：いいえ
보내세요?	：過ごされますか	별로	：あまり、そんなに
		안-	：否定形（～くない）

☀아니오는「いいえ」に、아뇨는「いや」に当たります。

第4課　얼마나 걸립니까?

| 文　法（1） | －（으）러 가다／오다（～しに行く/来る） |

「ー러／으러」は動作の目的の意味を表す日本語の「～しに」に当たります。「ー러／으러」の後には「가다／오다」が続くのが普通です。母音語幹用言の場合とㄹ語幹用言は「러」が、子音語幹用言の場合は「으러」が付きます。

① 母音語幹：「러」が付く
　배우다　배우 ＋ 러　→　배우러 갑니다.（習いに行きます）
　만나다　만나 ＋ 러　→　만나러 옵니다.（会いに来ます）
　（ㄹ語幹用言：語幹＋러）
　놀다　놀 ＋ 러　→　놀러 갑니까?　（遊びに行きますか）
② 子音語幹：「으러」が付く
　먹다　먹 ＋ 으러　→　먹으러 가요?　（食べに行きますか）
　받다　받 ＋ 으러　→　받으러 와요.　（受け取りに来ます）

| 文　法（2） | －（으）로（～で） |

「ー로／으로」は手段・道具・原因の意味を表す日本語の「～で」に当たります。母音体言の場合は「로」が、子音体言の場合は「으로」が付きます。

① 母音体言：「로」が付く
　버스 ＋ 로　→　버스로 갑니다.　　（バスで行きます）
　（ㄹ子音体言：体言＋로）
　쌀 ＋ 로　→　쌀로 만듭니다.　　（米で作ります）
② 子音体言：「으로」が付く
　신칸센 ＋ 으로　→　신칸센으로 가요.（新幹線で行きます）

☀오카야마는 마스캇트로 유명해요.（岡山はマスカットで有名です）

☀「ー로／으로」は、方向を表す時もあります。
　경주로 수학여행을 갑니다.　　　　（慶州へ修学旅行に行きます）

47

| 文　法 (3) | 안―／―지 않다（～しない、～くない） |

動詞と形容詞の直前には「안―」(前置形)を、後には「―지 않다」(後置形)は付けて否定形を作ります。動詞の場合は「～しない」、形容詞の場合は「～くない」の意味になります。

● 動詞（原形）	안―（前置形）	―지 않다（後置形）
가다（行く）	안 가다	가지 않다
오다（来る）	안 오다	오지 않다
보다（見る）	안 보다	보지 않다
읽다（読む）	안 읽다	읽지 않다
쓰다（書く）	안 쓰다	쓰지 않다
먹다（食べる）	안 먹다	먹지 않다
듣다（聴く）	안 듣다	듣지 않다
자다（寝る）	안 자다	자지 않다
일어나다（起きる）	안 일어나다	일어나지 않다
타다（乗る）	안 타다	타지 않다
● 形容詞（原形）	안―（前置形）	―지 않다（後置形）
좋다（良い）	안 좋다	좋지 않다
나쁘다（悪い）	안 나쁘다	나쁘지 않다
크다（大きい）	안 크다	크지 않다
작다（小さい）	안 작다	작지 않다
덥다（暑い）	안 덥다	덥지 않다
춥다（寒い）	안 춥다	춥지 않다

☀否定形の丁寧

　否定形の原形「안 좋다／좋지 않다」から、
　　前置形丁寧「안 좋아요／안 좋습니다」を、
　　後置形丁寧「좋지 않아요／좋지 않습니다」を作ります。

否定形の原型		요体	니다体
前置形	안 좋다	안 좋아요	안 좋습니다
後置形	좋지 않다	좋지 않아요	좋지 않습니다

第4課　얼마나 걸립니까？

練習　次の語を「場所に 目的に 行きます」の形に書きなさい！

① 오사카(大阪), 쇼핑하다(ショッピングする)

_____

② 식당(食堂), 식사하다(食事する)

_____

③ 미국(アメリカ), 영어(英語), 공부하다(勉強する)

_____

④ 약국(薬局), 약(薬), 사다(買う)

_____

⑤ 영화관(映画館), 영화(映画), 보다(観る)

_____

●ミニ会話（미니회화）⑥　CD-31

　다녀 오세요.

　다녀 오겠습니다.

"다녀 오세요"は「いってらっしゃい」で、"다녀 오겠습니다"は「行ってきます」の意味です。"잘 다녀오세요""잘 다녀 오겠습니다"のように、'잘'という語をを付けると、「無事に」「気をつけて」という意味が含まれます。

49

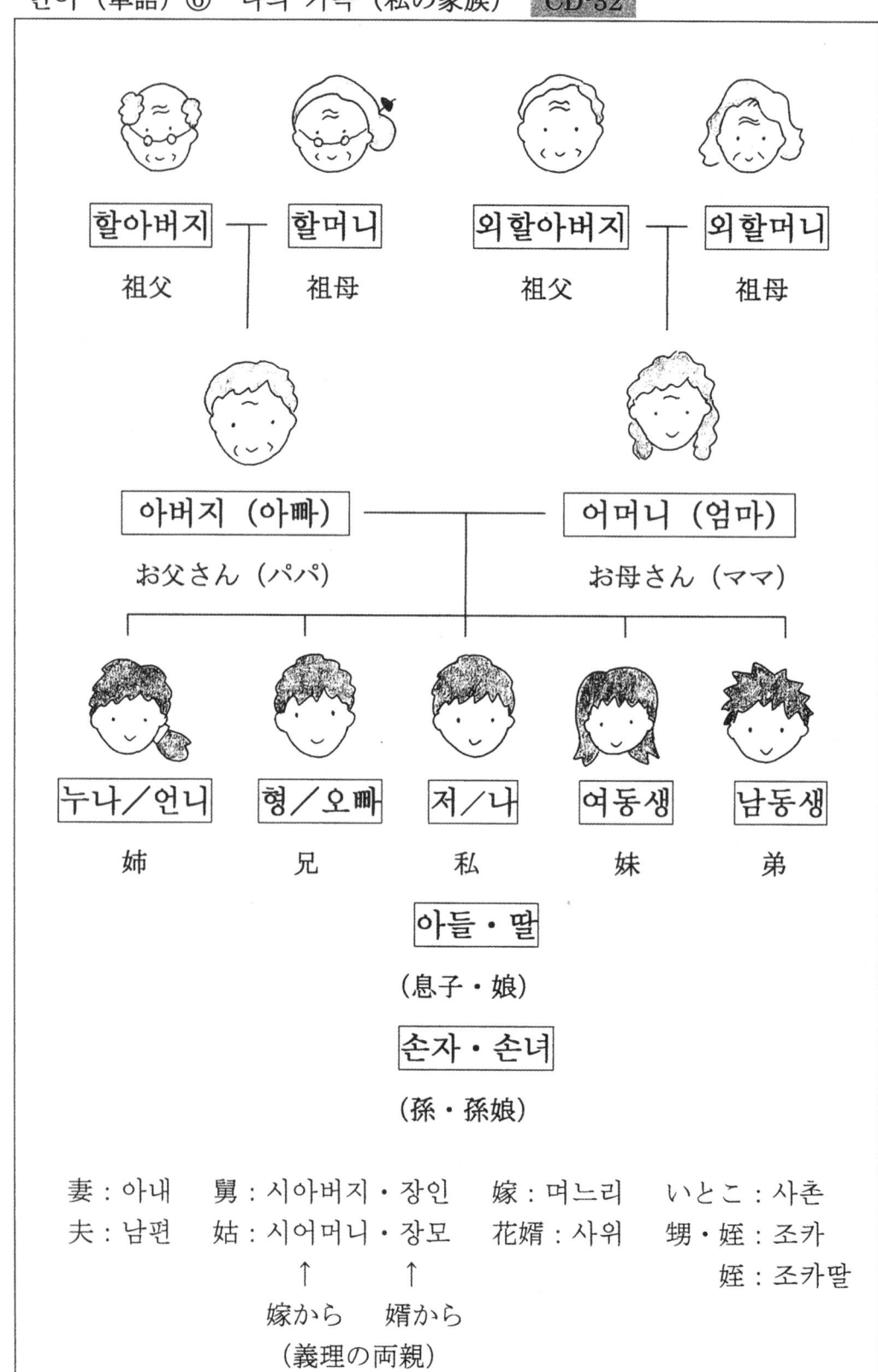

단어（単語）⑥　나의 가족（私の家族）　CD·32

할아버지	할머니	외할아버지	외할머니
祖父	祖母	祖父	祖母

아버지 (아빠) ── 어머니 (엄마)
お父さん（パパ）　　お母さん（ママ）

누나/언니	형/오빠	저/나	여동생	남동생
姉	兄	私	妹	弟

아들·딸
（息子·娘）

손자·손녀
（孫·孫娘）

妻：아내　　舅：시아버지·장인　　嫁：며느리　　いとこ：사촌
夫：남편　　姑：시어머니·장모　　花婿：사위　　甥·姪：조카
　　　　　　　↑　　　　↑　　　　　　　　　　　　姪：조카딸
　　　　　　嫁から　婿から
　　　　　（義理の両親）

● 韓国のお金（한국의 돈）

韓国のお金には、コインが4種類、紙幣が4種類あります。

10 원：慶州(キョンジュ)・仏国寺(ブルグッサ)の中にある国宝第20号の다보탑(タボタプ)の絵です。
50 원：米は韓国の主食です。
100 원：거북선(コブッソン)（亀甲船）を作った이순신(イスンシン)（李舜臣）将軍の顔です。
500 원：天然記念物の鶴です。
1,000 원：성리학자(ソンニハッチャ)（性理学者）、퇴계 이황(テゲ イファン)（退渓 李滉）の顔です。
5,000 원：성리학자（性理学者）、율곡 이이(ユルゴク イイ)（栗谷 李珥）の顔です。
10,000 원：한글(ハングル)を制定した세종대왕(セジョンデワン)（世宗大王）の顔です。
50,000 원：文流文人、書画家である신사임당(シン サイムダン)（申師任堂・栗谷 李珥の母）の顔です。

韓国では以上のお金の他にも小切手がよく使われています。10万ウォン以上の金額になる場合は、現金を持ち歩かず、銀行からある程度の金額の小切手を発行してもらい、使用する場合があります。

第 5 課　어느 게 사쿠라 씨 거예요?

CD-33

진수 : 이거 사쿠라 씨 거예요?

사쿠라 : 아뇨, 그건 제 우산이 아니에요.

진수 : 어느 게 사쿠라 씨 거예요?

사쿠라 : 빨간 색이 제 거예요.

진수 : 아주 예쁜 우산이네.

　　　　잘 어울리네요.

チンス : これはさくらさんの物ですか。
さくら : いいえ。それは私の傘ではありません。
チンス : どれがさくらさんの物ですか。
さくら : 赤い色が私の物です。
チンス : とてもかわいい傘だね。
　　　　よく似合っていますね。

語句

우산	: 傘	빨간 색	: 赤い色
그건 (그것은)	: それは	아주	: とても
제 (저의)	: 私の	예쁘다	: きれいだ
어느 게 (어느 것이)	: どれが	예쁜ー	: きれいな〜
ー거 (것)	: 〜もの	-(이) 네	: 〜だね
빨갛다	: 赤い	어울리다	: 似合う
빨간ー	: 赤い〜		

| 文　法　(1) | －가／이 아니다（（名詞）ではない） |

　「－가／이 아니다」は、名詞を否定する日本語の「～ではない」に当たります。母音体言の場合は「가 아니다」が、子音体言の場合は「이 아니다」が付きます。「－이다（である）」が肯定の指定詞であるのに対して、「아니다」は否定の指定詞です。

－가／이 아니다	丁寧	－가／이 아니에요	－가／이 아닙니다
	疑問	－가／이 아니에요?	－가／이 아닙니까?

① 母音体言：「가 아니다」が付く
　　여자 → 여자가 아니에요.　　（女の人ではありません）
　　치즈 → 치즈가 아니에요?　　（チーズではありませんか）

② 子音体言：「이 아니다」が付く
　　사진 → 사진이 아닙니까?　　（写真ではありませんか）
　　술　 → 이건 술이 아닙니다.　（これは酒ではありません）

| 文　法　(2) | －의（～の） |

　「－의」は、位置を表す語句の前や、単純な所有を表す時は省略されることがあります。所有の「－의」は「에」と発音します。
　また、人称代名詞に「의」が付く場合には、「나의→내（わたしの）」「너의→네（あなたの、君の）」「저의→제（わたくしの）」のように縮約される場合があります。

　　　「의」を省略：책상 위　　　（机の上）
　　　「의」の縮約：제 가방　　　（私のカバン）
　　　「의」が付く：독서의 계절　（読書の季節）

☀「－부터（～から）」
　「－부터」は、時・順序の起点を表す時に用います。場所の「～から」を表す「－에서」と混乱しないように気をつけましょう。

　내일부터 일을 쉬어요.　　（明日から仕事を休みます）
　야마다 씨부터 읽으세요.　（山田さんから(順番に)読んで下さい）

| | 文　法（3） | 指示詞2 | | | |

	～の	～れ 会話：（ㅅ脱落）	～れが 会話：（+ㅣ）	～れは 会話：（+ㄴ）	～れを 会話：（+ㄹ）
こ	이 이	이것　이거 （이거）	이것이 （이게）	이것은 （이건）	이것을 （이걸）
そ	그 그의	그것　그거 （그거）	그것이 （그게）	그것은 （그건）	그것을 （그걸）
あ	저 저의	저것　저거 （저거）	저것이 （저게）	저것은 （저건）	저것을 （저걸）
ど	어느 어느	어느 것　어느거 （어느 거）	어느 것이 （어느 게）	어느 것은 （어느 건）	어느 것을 （어느 걸）

☀ 것 → 거　　것이 → 게　　것은 → 건　　것을 → 걸

練習　a 平叙文（～です）・b 疑問文（～ですか）・c 否定文（～ではありません）・d 否定疑問文（～ではありませんか）を書いてみよう。

① 저 사람(あの人), 한국 사람(韓国人)

_____

② 이건(これは), 채소(野菜)

_____

③ 저건(あれは), 제 도시락(私のお弁当)

_____

④ 그건(それは), 술(お酒)

_____

⑤ 그것(それ), 잡지(雑誌)

_____

第5課　어느게 수진 씨 거예요?

● 韓国の干支（한국의 띠）

A: 무슨 띠예요?（何年ですか？）
B: ○○띠예요.（○○年です。）

① 쥐띠（ねずみ年）　② 소띠（うし年）　③ 호랑이띠(범띠)（とら年）
④ 토끼띠（うさぎ年）　⑤ 용띠（たつ年）　⑥ 뱀띠（へび年）
⑦ 말띠（うま年）　⑧ 양띠（ひつじ年）　⑨ 원숭이띠（さる年）
⑩ 닭띠（とり年）　⑪ 개띠（いぬ年）　⑫ 돼지띠（いのしし年）

　韓国にも日本と似ている干支がありますが、猪に当たるものは豚です。韓国では豚は縁起が良いものとされています。豚の夢を見るとよい事が起きるともいわれ、宝くじを買う人もいます。韓国ではお見合い結婚の時には2人の相性をみるために干支・誕生日・生まれた時間などを持って占い師に聞きに行く人もいます。日本では、血液型や星座をよく聞いたりしますが、韓国では血液型や星座は日本ほど気にしない傾向があります。

55

第5課　応用編　CD-34

진수：노란 가방 좀 가져다 주실래요?

사쿠라：이거요?

진수：아뇨, 그것보다 더 큰 거 없어요?

사쿠라：아! 저거 말이군요.

진수：네 맞아요.

チンス：黄色のカバンをちょっと持って来てくださいますか。
さくら：これですか。
チンス：いいえ、あれよりもっと大きいのはありませんか。
さくら：ああ！あれのことですね。
チンス：はい、そうです。

語句

노랗다[노라타]	：黄色い	크다	：大きい
노란-	：黄色の〜	큰 거（큰 것）	：大きいもの
노란 가방	：黄色のカバン	없어요?[업써요]	：ありませんか
좀（조금）	：ちょっと、少し	〜말이다	：〜のことである
가져다 주실래요?		〜말이군요	：〜のことですね
	：持ってきてくれますか	맞다	：正しい、その通りだ
-보다	：〜より	맞아요	：そうです、正しいです

　韓国の学校は日本と同じです。小・中・高・大にあたる学校を、초등학교（初等学校・6年）・중학교（中学校・3年）・고등학교（高等学校・3年）・대학교（大学校・4年）といいます。대학원（大学院）も修士課程は2年、博士課程は3年となります。しかし、新学期は日本とは違って3月から始まります。

第5課 어느게 수진 씨 거예요?

| 文 法 (1) | 있다 (ある・いる)、없다 (ない・いない) |

「있다」「없다」は、人・物の存在の有無を表す表現で、存在詞といいます。「있다」「없다」は、人・物ともに使います。

原形	요体 平叙文	요体 疑問文	니다体 平叙文	니다体 疑問文
있다	있어요	있어요?	있습니다	있습니까?
없다	없어요	없어요?	없습니다	없습니까?

친구가 세 명 **있어요**.　　　（友達が3人います）
오이가 하나도 **없어요**.　　　（キュウリがひとつもありません）
오늘은 숙제 **없어요?**　　　（今日は宿題ありませんか）

| 文 法 (2) | －(이)네요／(이)군요 (〜ですね) |

「−네요／이네요」「−군요／이군요」は、柔らかい感じや感嘆を表す日本語の「〜ですね」に当たります。母音体言・母音語幹用言の場合は「네요」「군요」が、子音体言・子音語幹用言の場は「이네요」「이군요」が付きます。
「요」を取る「(이) 네」「(이) 군」は「〜だね」の意味になります。

① 母音体言：「네요」「군요」が付く
　편지 ＋ 네요 → 제 편지네요　　（私の手紙ですね）
　편지 ＋ 군요 → 언니 편지군요　（姉の手紙ですね）

② 子音体言：「이네요」「이군요」が付く
　선물 ＋ 이네요 → 선물이네요　（プレゼントですね）
　선물 ＋ 이군요 → 선물이군요　（プレゼントですね）

「네요」と「군요」との違いは、「군요」は話し手が主体的に感嘆する状況であり、「네요」は相手に同意を求めたり、相手に同感していることを表現したりする感嘆文です。

57

●ミニ会話（미니회화）⑦　CD·35

이거 어때요?

잘 어울리네요.

"이거 어때요?"は、「これはどうですか」「これをどう思いますか」など、相手に意見を求めたい時に使う表現です。"잘 어울리네요."は、「良く似合っていますね」という意味です。「○○が○○さんによく似合いますね」の形で良く使わます。

● 手紙を書いてみよう！

김영주 씨께

안녕하세요?
저는 야마다 아키코라고 합니다.
일본 오카야마에 살고 있습니다.
이마이 사쿠라 씨에게 소개를 받았습니다.
저는 여행과 독서를 좋아합니다.
한국어를 열심히 공부해서 꼭 한국에 가 보고 싶습니다.
그럼 안녕히 계십시오.

2005년 10월 9일

일본에서 야마다 아키코 올림

第5課 어느게 수진 씨 거예요?

단어 (単語) ⑦ 신체부위 (体の部位) CD-36

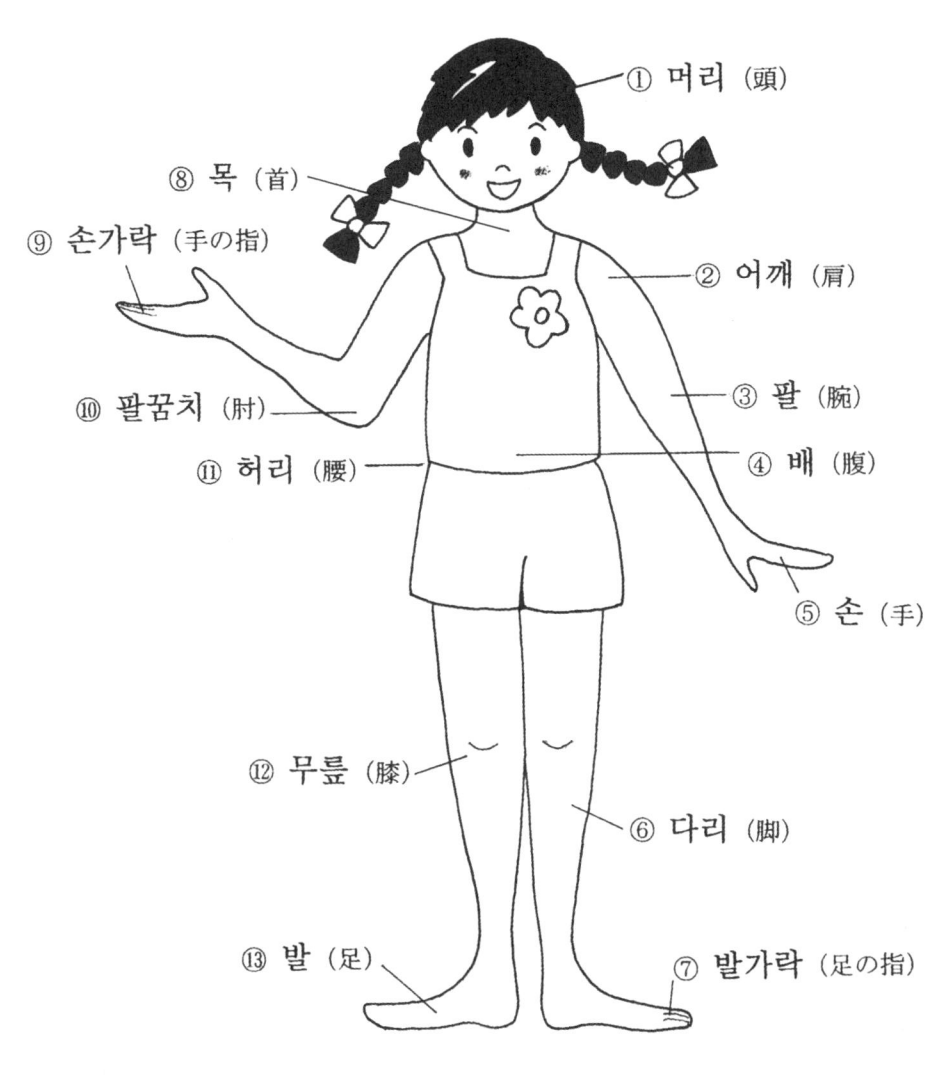

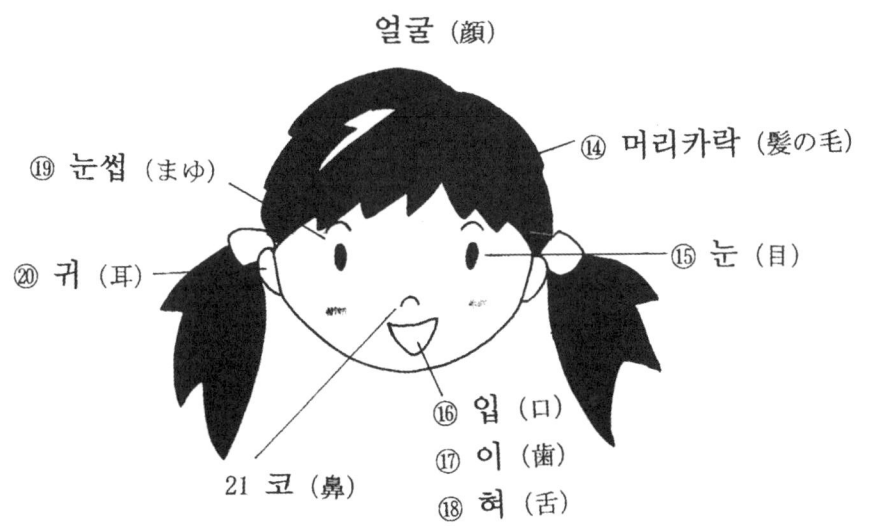

① 머리 (頭)
② 어깨 (肩)
③ 팔 (腕)
④ 배 (腹)
⑤ 손 (手)
⑥ 다리 (脚)
⑦ 발가락 (足の指)
⑧ 목 (首)
⑨ 손가락 (手の指)
⑩ 팔꿈치 (肘)
⑪ 허리 (腰)
⑫ 무릎 (膝)
⑬ 발 (足)

얼굴 (顔)

⑭ 머리카락 (髪の毛)
⑮ 눈 (目)
⑯ 입 (口)
⑰ 이 (歯)
⑱ 혀 (舌)
⑲ 눈썹 (まゆ)
⑳ 귀 (耳)
21 코 (鼻)

| 第 6 課 | 수영을 더 좋아해요. |

CD-37

진수 : 사쿠라 씨는 어떤 운동을 좋아해요?
사쿠라 : 야구를 좋아해요.
　　　　 그런데, 하는 것보다 보는 것을 더
　　　　 좋아해요. 진수 씨는요?
진수 : 저는 테니스, 탁구 등이 좋아요.

　チンス　：　さくらさんはどんな運動が好きですか。
　さくら　：　野球が好きです。
　　　　　　　ですが、するよりはみるのがもっと好きです。
　　　　　　　チンスさんはどうですか。
　チンス　：　私はテニス、卓球などが好きです。

語句

어떤	： どんな	하는 것	： すること
운동	： 運動	－보다	： ～より
－를／을 좋아해요	： 好きです	보는 것	： みること
그런데	： ところで	－등	： ～など

☀ 「－보다 (～より)」は、名詞に付けて比較の対象を表します。
　　올해는 지난 해보다 덥습니다. （今年は去年より暑いです）
☀ 「－만큼 (～くらい、～ほど)」は、前にある名詞と文の中にある別
　 の名詞の程度が似ていることを表します。
　　아버지만큼 키가 큽니다. （お父さんくらい背が高いです）
　　영어만큼 어렵지 않아요. （英語ほど難しくありません）

| 文　法 | －를／을 좋아하다 （〜が好きだ） |

「좋아하다」（動詞）の時には「－를/을」を使うことに注意が必要です。母音体言の場合は「－를 좋아하다」が、子音体言の場合は「－을 좋아하다」が付きます。

① 母音体言：「를 좋아하다」が付く
　　복숭아 →　복숭아를 좋아해요.　　（桃が好きです）
② 子音体言：「을 좋아하다」が付く
　　귤　　 →　귤을 좋아합니다.　　（みかんが好きです）

☀ 「〜が好きだ」の反対の意味の「〜が嫌いだ」は、「－를／을 싫어하다」です。丁寧な言い方は「－를／을 싫어해요」です。
☀ 「좋다」（形容詞）の時には、「가／이」を使います。
　　드라마가 좋아요.　（ドラマがいいです、ドラマが好きです）
　　음악이 좋아요.　　（音楽がいいです、音楽が好きです）
☀ 「싫다」（形容詞）は、「－가／이 싫어요」になります。

| 練習 | 次の語を「AよりBが好きです」の形に書いてみよう！ |

① 바나나(バナナ), 사과(リンゴ), 좋아하다(好きだ)
　_____

② 눈(雪), 비(雨), 좋아하다(好きだ)
　_____

③ 여름(夏), 봄(春), 좋아하다(好きだ)
　_____

④ 맥주(ビール), 소주(焼酒), 좋아하다(好きだ)
　_____

⑤ 홍콩영화(香港映画), 한국영화(韓国映画), 좋아하다(好きだ)
　_____

● 接続詞

① 그리고 (そして)	영화를 봐요. **그리고** 커피도 마셔요.
② 그래서 (それで)	수업이 없어요. **그래서** 학교에 안 가요.
③ 그런데 (ところで) =근데	이 음식은 아주 맛있네요. **근데** 음식이름이 뭐예요?
④ 그러나 (しかし) =하지만 (口語) =그렇지만 (口語)	여행하고 싶어요. **그러나 / 하지만 / 그렇지만** 시간이 없어요.
⑤ 그러면 (それでは) =그럼	A: 한 개 천 원이에요. B: **그럼** 두 개 주세요.
⑥ 그래도 (それでも)	외국어는 어렵습니다. **그래도** 열심히 해요.

단어 (単語)　⑧ 계절 (季節)・날씨 (天気)　CD-38

季節 (계절) ／ 四季 (사계절)

봄 (春)	여름 (夏)	가을 (秋)	겨울 (冬)
따뜻하다 (暖かい)	덥다 (暑い)	선선하다 (涼しい)	춥다 (寒い)

天気 (날씨)

맑음　구름　흐림　천둥　비
무지개　태풍　안개　바람　눈　눈사람

62

第6課 수영을 더 좋아해요.

●ミニ会話（미니회화）⑧ CD-39

> 잘 먹겠습니다

> 잘 먹었습니다.

　食事の場面で使う表現です。"잘 먹겠습니다"は「いただきます」で、"잘 먹었습니다"は「ごちそうさま」の意味です。韓国では食事の時に両手は合わせる風習はありません。

단어（単語）⑨ 탈것（乗り物）CD-40

버스（バス）　　자전거（自転車）　　자동차（自動車）

기차（汽車）　비행기（飛行機）　배（船）　택시（タクシー）

☼乗り物を表す「～に乗る」は、「一를／을 타다」となり、
　　バスに乗ります ⇒ 버스를 타요.
　移動手段を表す「～で行く」は「一로／으로 가다」となります。
　　　　　　「～で来る」は「一로／으로 오다」となります。
　　汽車で行きます ⇒ 기차로 가요.
　　歩いて来ます　 ⇒ 걸어서 와요.

第7課　두 시간밖에 못 잤어요.

CD-41

진수 : 사쿠라 씨 안색이 별로 안 좋아요.
사쿠라 : 시험 준비 때문에 두 시간밖에 못 잤어요.
진수 : 그래요? 무슨 시험이에요?
사쿠라 : 한국어하고 세계사예요.
진수 : 이제 다 끝났어요?
사쿠라 : 아뇨, 세계사 하나만 남았어요.

チンス ： さくらさん、顔色があまりよくないのですが。
さくら ： 試験勉強のために2時間しか寝ていません。
チンス ： そうですか。何の試験ですか。
さくら ： 韓国語と世界史です。
チンス ： もう全て終わったのですか。
さくら ： いいえ、世界史ひとつだけ残っています。

語句

안색	： 顔色	세계사[세게사]	： 世界史
별로	： あまり	이제	： もう
시험 준비	： 試験の準備	다	： 全て、全部
－때문에[때무네]	： ～のために	끝나다	： 終わる
못－	： 不可能形	－만	： ～だけ
무슨	： 何の	남다	： 残る、余る

| 文　法（1） | －았/었（〜た（過去形）） |

　過去を表す場合、日本語は「食べます→食べました」のような助動詞の変化がありますが、韓国語では助動詞の変化はなく、「-았/었」を用い過去を表します。過去形の縮約形は、38頁で学んだ요体、「아요／어요」のルールと同様です。「아 → 았」「어 → 었」のように「아／어」の받침の位置に「ㅆ」を入れれば縮約形になります。韓国語では「過去＋丁寧」の順序に並べます。

	原形	語幹＋過去時制補助語幹＋丁寧語尾
陽語幹	받다 （受け取る）	받+았 → 받았어요／받았습니다 （受け取りました）
	보다　（見る）	보+았 → 보았어요／보았습니다　（見ました）
陰語幹	먹다（食べる）	먹+었 → 먹었어요／먹었습니다　（食べました）
	울다　（泣く）	울+었 → 울었어요／울었습니다　（泣きました）
하다 用言	공부하다 （勉強する）	공부하+였 → 공부하였어요／공부하였습니다 → 공부**했**어요／공부**했**습니다　（勉強しました）
指定詞	이다 （〜である）	교사이+었 → 교사이었어요／교사이었습니다 → 교사였어요／교사였습니다　（教師でした） 회사원이+었 → 회사원이었어요 ／회사원이었습니다　（会社員でした）

☀縮約されるもの：가+았어요　→　갔어요　　（行きました）
　　　　　　　　　되+었어요　→　됐어요　　（なりました）
　　　　　　　　　배우+었어요　→　배웠어요　（習いました）

| 練習1 |　次の語を「〜しました」の過去形に直してみよう！

① 살다（住む）＿＿＿＿＿＿＿＿＿＿＿＿＿＿＿＿＿＿＿＿

② 주다（与える）＿＿＿＿＿＿＿＿＿＿＿＿＿＿＿＿＿＿＿

③ 심다（植える）＿＿＿＿＿＿＿＿＿＿＿＿＿＿＿＿＿＿＿

④ 자다（寝る）＿＿＿＿＿＿＿＿＿＿＿＿＿＿＿＿＿＿＿＿

| 文　法（2） | 못―／―지 못하다（～出来ない） |

　動詞の直前には「못―」を、後には「―지 못하다」を付けて「～出来ない」という不可能形を作ります。　　（하変則であることに注意）

原形（動詞）	못―（前置形）	―지 못하다（後置形）
가다（行く）	못 가다	가지 못하다
오다（来る）	못 오다	오지 못하다
보다（見る）	못 보다	보지 못하다
자다（寝る）	못 자다	자지 못하다
쓰다（書く）	못 쓰다	쓰지 못하다
먹다（食べる）	못 먹다	먹지 못하다
읽다（読む）	못 읽다	읽지 못하다
듣다（聴く）	못 듣다	듣지 못하다
일어나다（起きる）	못 일어나다	일어나지 못하다
쉬다（休む）	못 쉬다	쉬지 못하다

☀ 하다 → 해요／합니다（します），해요？／합니까？（しますか）

☀ 잘 하다（上手だ）　　　　→ 잘 해요／잘 합니다　（上手です）
　 못 하다（下手だ）　　　　→ 못 해요／못 합니다　（下手です）
　 잘 못 하다（よく出来ない）→ 잘 못 해요／잘 못 합니다
　　　　　　　　　　　　（よく出来ません、上手ではありません）

| 練習2 | 次の語を「～しか～出来ません」の形に書いてみよう！

① 물（水），마시다（飲む）

② 히라가나（ひらがな），쓰다（書く）

③ 컴퓨터（パソコン），두 시간（2時間），쓰다（使う）

④ 옷（服），한 벌（一着），사다（買う）

⑤ 국내여행（国内旅行），하다（する）

● 韓国の伝統結婚式

花嫁は「꽃가마（花ガマ）」に乗って

　韓国の伝統結婚式（韓国式）は、昔は家で夕方から行われました。花嫁は꽃가마（コッカマ・花ガマ）に乗ってお嫁に行きます。式は、마당（マダン・広場）という広場で行います。最近は、伝統式の結婚式を挙げる人は少なく、礼式場という結婚式場で行う場合が多いです。礼式場ではウェディングドレスやタキシードを着て西洋式で行います。結婚式の後、伝統衣装に着替えて新郎の家族に食べ物を贈り、挨拶をする폐백（ペベック・幣帛）を行います。その時、舅と姑は대추（テチュ・なつめ）や밤（パム・栗）などを嫁にあげます。長寿と子宝に恵まれるようにという意味があります。

韓国の伝統結婚式

第7課　応用編 CD-42

사쿠라 : 영수 씨 어제 왜 안 왔어요?
　　　　　진수 씨한테서 연락 못 받았어요?
　영수 : 아뇨, 연락 받았어요.
　　　　　그런데 어제가 여동생 생일이어서
　　　　　못 갔어요. 등산은 어땠어요?
사쿠라 : 바람이 불어서 산 꼭대기까지 올라
　　　　　갈 수 없었어요.
　영수 : 사람들은 많이 왔어요?
사쿠라 : 다섯 명밖에 안 왔어요.

　さくら：ヨンスさん、昨日どうして来なかったですか。
　　　　　チンスさんから連絡受け取っていなかったのですか。
　ヨンス：いいえ、連絡受け取りました。ところが、昨日は妹の誕生日
　　　　　だったので行けませんでした。登山はどうでしたか。
　さくら：風が吹いて山頂まで登ることが出来ませんでした。
　ヨンス：人は大勢来ましたか。
　さくら：5人しか来ませんでした。

語句

왜	：どうして、なぜ	산 꼭대기[상꼭때기]	：山頂
연락[열락]	：連絡	―올라 가다	：登る
생일	：誕生日	―(으)ㄹ 수 없었어요	
―어서	：～なので		：～することが出来ませんでした

文　法（1）	－아서／어서（～なので、～して）

　「-아서／어서」は、原因や様態を表す「～なので」「～して」に当たる意味です。「아서」が付くものは、陽語幹用言（「ㅏ, ㅗ, ㅑ, ㅘ」）の時です。「어서」が付くものは、陰語幹用言の時です。

① 陽語幹用言：「아서」が付く
　　많다 → 많 + 아서 → 일이 많아서 쉬지 못해요.
　　　　　　　　　　　　　　　　（仕事が多くて休めません）

② 陰語幹用言：「어서」が付く
　　늦다 → 늦 + 어서 → 늦어서 미안합니다.
　　　　　　　　　　　　　　　　（遅れてすみません）

☀また、「아서／어서」は「～してから」のように動作の時間的な順序を表す場合があります。
　　집에 가서 전화하겠습니다. （家に帰ってからお電話します）

文　法（2）	－(으)ㄹ 수 있다（～することが出来る） －(으)ㄹ 수 없다（～することが出来ない）

　「-ㄹ／을 수 있다」「-ㄹ／을 수 없다」は、可能性・あるいは能力を表す表現です。母音語幹用言とㄹ語幹用言の場合は「ㄹ 수 없다」が付き、子音語幹用言の場合は「을 수 없다」が付きます。

① 母音語幹用言：「ㄹ 수 있다／없다」が付く
　　하다　하+ㄹ 수 있다 → 할 수 있어요
　　　　　　　　　　　　　（出来ます）
　　오다　오+ㄹ 수 없다 → 올 수 없어요
　　　　　　　　　　　　　（来ることが出来ません）
　（ㄹ語幹用言：語幹＋수 있다／없다）
　　살다　살+ 수 있다　 → 여기서도 살 수 있어요
　　　　　　　　　　　　　（ここでも住むことが出来ます）

② 子音語幹用言：「을 수 있다／없다」が付く
　　먹다　먹+을 수 없다 → 더 이상 먹을 수 없다
　　　　　　　　　　　　　（これ以上食べることが出来ない）

練習 次の語を使い「～なので～出来ません」の形に書いてみよう！

① 시간이 없다, 만나다　　_____
　　（時間がない、会う）
② 짐이 많다, 빨리 가다　　_____
　　（荷物が多い、早く行く）
③ 멀다, 가다　　_____
　　（遠い、行く）
④ 비가 내리다, 산책하다　　_____
　　（雨が降る、散歩する）
⑤ 일이 많다, 외출하다　　_____
　　（仕事が多い、出かける）

● ミニ会話（미니회화）⑨ CD-43

어서 들어오세요.

실례하겠습니다.

　韓国では人の家を訪ねた時には、脱いだ靴の向きを変える習慣はありません。"어서 들어오세요"は「どうぞ、お入りください」の意味で、"실례하겠습니다"は「失礼します」の意味です。"들어오세요"だけでも使いますが、"어서"を用いる場合もあります。

● 誕生日（생일）とわかめスープ（미역국）

　韓国では、誕生日（생일・センイル）を迎えるとわかめを用意します。誕生日にはみんなわかめスープ（미역국・ミヨックッ）を飲むからです。韓国では、赤ちゃんが生まれると赤ちゃんのお母さんは食事の度にわかめスープを飲みます。わかめにはお乳をよく出す成分や、血液をきれいにする成分が多く含まれているといわれているからです。それで、韓国では自分の誕生日にはお母さんが自分を産んだ時によく飲んだわかめスープを飲むのです。それは、お母さんに対する感謝の気持ちを表現するためであるといわれています。

● 禁縄（금줄）

　韓国では、昔から赤ちゃんが生まれると入口に금줄（クムチュル・禁縄）という縄を張り、赤ちゃんの誕生を人に知らせ、他の人の出入りを禁じました。それは、お母さんと赤ちゃんの安定のためや伝染病などから赤ちゃんを守るためであるといわれています。女の子が生まれると縄に墨を挟み、男の子が生まれると縄に唐辛子を挟んで、どちらが生まれたかを知らせました。

금줄（禁縄）

● 百日（백일）と一歳の誕生日（돌）

　赤ちゃんが生まれて百日目を백일（ペギル）、一歳の誕生日を돌（トル）といい、みんなでお祝いをします。백일には、白いお餅を百人の人に配り、赤ちゃんが無事に育つことを願う習慣があります。돌には、親類に加えて両親の友人や職場の同僚も集まり、お祝いの席を盛り上げます。このお祝いの席を잔치（チャンチ）といい、백일には백일잔치（ペギルジャンチ）、돌には돌잔치（トルジャンチ）を行います。

第8課　식사하러 갈까요?

CD·44

사쿠라 : 점심 식사했어요?

진수 : 아뇨, 아직이에요.

사쿠라 : 그럼, 같이 먹으러 가요.
　　　　뭐 먹을까요?

진수 : 글쎄요. 가면서 정합시다.

사쿠라 : 영수 씨도 같이 가요.

진수 : 영수는 지금 전화하고 있어요.

영수 : 시간이 좀 걸리니까 먼저 가세요.
　　　 끝나면 전화할게요.

　　さくら ： チンスさん、お昼は済まされましたか。
　　チンス ： いいえ、まだです。
　　さくら ： では、一緒に食べに行きましょう。
　　　　　　　何を食べましょうか。
　　チンス ： そうですね。行きながら決めましょう。
　　さくら ： ヨンスさんも一緒に行きましょう。
　　チンス ： ヨンスは今電話しています。
　　ヨンス ： 時間が少しかかるので、お先に行ってください。
　　　　　　　終わったら電話しますから。

第8課 식사하러 갈까요?

語 句			
점심	：昼食	글쎄요	：そうですね、さあ
같이[가치]	：一緒に	－고 있어요	：～ています
아직	：まだ	－니까	：～ので、から
－면서	：～しながら	먼저	：先に、まず
－합시다	：～しましょう	－면	：～たら、～と

文 法 (1)　　－고 있다 (～している)

「-고 있다」は動作の進行の最中であることを表す用法で、日本語の「～している」に当たります。母音語幹用言にも子音語幹用言にもそのまま使います。「고 있다」の尊敬語は、「고 계시다 (していらっしゃる)」です。(「고 있으시다 (しておられる)」も同様)

　마시다　마시＋고 있다　→　친구하고 차를 마시고 있어요.
　　　　　　　　　　　　　(友達とお茶を飲んでいます)
　살다　살＋고 있다　→　서울에 살고 있다. (ソウルに住んでいる)
　걷다　걷＋고 있다　→　건강을 위해서 매일 걷고 계십니다.
　　　　　　　　　　　　　(健康のために毎日歩いていらっしゃいます)

文 法 (2)　　－(으)ㄹ까요? (～しましょうか、～でしょうか)

「-ㄹ까요?／을까요?」は相手に判断を促すような疑問文で、未来性が含まれています。母音語幹用言の場合は「ㄹ까요?」が、子音語幹用言の場合は「을까요?」が付きます。(「요」をとると非丁寧体になる)

① 　母音語幹用言：「ㄹ까요?」が付く
　　가다　가＋ㄹ까요?　→　이제 갈까요? (もう行きましょうか)
　　이다　이＋ㄹ까요?　→　저 분은 선생님일까요?
　　　　　　　　　　　　　(あの方は先生でしょうか)
　(ㄹ語幹用言：語幹＋까요?)
　　만들다　만들＋까?　　→　같이 만들까? (一緒に作ろうか)
② 　子音語幹用言：「을까요?」が付く
　　씻다　씻　＋을까요?　→　발도 씻을까요?
　　　　　　　　　　　　　(足も洗いましょうか)

73

| 文　法 (3) | －(으)면서 (～ながら) |

「-면서／으면서」は同時動作を表す用法で、日本語の「～ながら」に当たります。母音語幹用言の場合は「면서」が、子音語幹用言の場合は「으면서」が付きます。

① | 母音語幹用言：「면서」が付く |
　　보다　보＋면서　→　TV를 보면서 놀아요
　　　　　　　　　　　　（テレビをみながら遊んでいます）
　　(ㄹ語幹用言：語幹＋면서)
　　울다　울＋면서　→　울면서 걸어가요
　　　　　　　　　　　　（泣きながら歩いています）
② | 子音語幹用言：「으면서」が付く |
　　먹다　먹＋으면서　→　밥을 먹으면서 이야기를 해요
　　　　　　　　　　　　（ご飯を食べながら話をしています）

| 文　法 (4) | －(으)니까 (～から、～ので) |

「-니까／으니까」は理由を表す用法で、日本語の「～から、ので」に当たります。母音語幹用言、ㄹ語幹用言の場合は「니까」が、子音語幹用言の場合は「으니까」が付きます。

① | 母音語幹用言：「니까」が付く |
　　오다　오＋니까　→　손님이 오니까 곧 가야 해요.
　　　　　　　　　　　　（お客が来るのですぐ行かなければなりません）
　　(ㄹ語幹用言：ㄹ脱落＋니까)
　　멀다　머＋니까　→　집이 머니까 먼저 가겠습니다.
　　　　　　　　　　　　（家が遠いので先に帰ります）
② | 子音語幹用言：「으니까」が付く |
　　많다　많＋으니까　→　친구가 많으니까 좋지요?
　　　　　　　　　　　　（友達が多いからいいでしょう）

練習1　次の語を使って「〜ましょうか」の形に書いてみよう！

① 좀 더 기다리다 (もうちょっと待つ) ＿＿＿＿＿＿＿＿＿＿＿＿
② 손, 씻다 (手も洗う)　　　　　　 ＿＿＿＿＿＿＿＿＿＿＿＿
③ 이름, 쓰다 (名前も書く)　　　　 ＿＿＿＿＿＿＿＿＿＿＿＿
④ 이 의자, 앉다 (この椅子に座る)　＿＿＿＿＿＿＿＿＿＿＿＿
⑤ 냉장고, 넣다 (冷蔵庫に入れる)　 ＿＿＿＿＿＿＿＿＿＿＿＿

練習2　次の語を「〜ながら〜ています」の形に書いてみよう！

① 이야기하다, 가다　　　　＿＿＿＿＿＿＿＿＿＿＿＿＿＿＿
② 책 읽다, 과자를 먹다　　 ＿＿＿＿＿＿＿＿＿＿＿＿＿＿＿
③ 식사하다, 의논해요　　　＿＿＿＿＿＿＿＿＿＿＿＿＿＿＿
④ 차를 마시다, TV를 보다　＿＿＿＿＿＿＿＿＿＿＿＿＿＿＿
⑤ 사진을 보다, 설명하다　 ＿＿＿＿＿＿＿＿＿＿＿＿＿＿＿

練習3　次の韓国語を日本語に訳してみよう！

① 지금 무슨 일을 하고 있으세요?
　＿＿＿＿＿＿＿＿＿＿＿＿＿＿＿＿＿＿＿＿＿＿＿＿＿＿＿

② 어머니는 지금 식사하고 계세요.
　＿＿＿＿＿＿＿＿＿＿＿＿＿＿＿＿＿＿＿＿＿＿＿＿＿＿＿

③ 아이들도 텔레비전을 보고 있어요.
　＿＿＿＿＿＿＿＿＿＿＿＿＿＿＿＿＿＿＿＿＿＿＿＿＿＿＿

④ 친구에게 편지를 쓰고 있어요.
　＿＿＿＿＿＿＿＿＿＿＿＿＿＿＿＿＿＿＿＿＿＿＿＿＿＿＿

⑤ 밖에는 비가 내리고 있습니다.
　＿＿＿＿＿＿＿＿＿＿＿＿＿＿＿＿＿＿＿＿＿＿＿＿＿＿＿

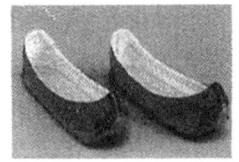

신（朝鮮時代の女性の靴）　　신（伝統靴）　　버선（足袋）

第8課　応用編　CD-45

> 진수 : 이번 주 일요일에 약속 있어요?
>
> 사쿠라 : 아뇨, 없어요. 근데 왜요?
>
> 진수 : 같이 영화 보러 갑시다.
>
> 사쿠라 : 무슨 영화예요?
>
> 진수 : '태풍'이에요.
>
> 　　　　 토요일 오후에 전화할게요.
>
> 사쿠라 : 네, 좋아요.

チンス　：今週の日曜日に約束ありますか。
さくら　：いいえ、ありません。ところで、どうしてですか。
チンス　：一緒に映画を観に行きましょう。
さくら　：何の映画ですか。
チンス　：「台風」です。
　　　　　土曜日の午後、電話しますから。
さくら　：はい、いいです。

語句			
이번	：今度の	ーㅂ시다	：〜ましょう
이번 주	：今週	무슨	：何の
약속[약쏙]	：約束	태풍	：台風
근데(그런데)	：ところで	오후	：午後
왜요?	：どうしてですか	ーㄹ게요	：〜ますから

文 法（1）　－(으)ㅂ시다（～しましょう）

「-ㅂ시다／읍시다」は勧誘文で、日本語の「～ましょう」に当たります。母音語幹用言、ㄹ語幹用言の場合は「ㅂ시다」が、子音語幹用言の場合は「읍시다」が付きます。

① 母音語幹用言：「ㅂ시다」が付く
　가다　가＋ㅂ시다　→　어서 갑시다.（急いで行きましょう）
　(ㄹ語幹用言：ㄹ脱落＋ㅂ시다)
　만들다　만드＋ㅂ시다　→　예쁘게 만듭시다.
　　　　　　　　　　　　（きれいに（美しく）作りましょう）
② 子音語幹用言：「읍시다」が付く
　닦다　닦＋읍시다　→　이를 깨끗이 닦읍시다.
　　　　　　　　　　（歯をきれいに磨きましょう）

文 法（2）　－(으)ㄹ게(요)（～しますから）

「-ㄹ게요／을게요」は、話者の強い意志を見せることによって、相手との約束を示す文です。母音語幹用言、ㄹ語幹用言の場合は「ㄹ게요」が、子音語幹用言の場合は「을게요」が付きます。

① 母音語幹用言：「ㄹ게(요)」が付く
　가다　가＋ㄹ게요　→　먼저 갈게요.　（先に行きますから）
　(ㄹ語幹用言：語幹＋게요)
　만들다　만들＋게요→　크게 만들게.　（大きく作るから）
② 子音語幹用言：「을게(요)」が付く
　닦다　닦＋을게요　→　이를 깨끗이 닦을게요.
　　　　　　　　　　（歯をきれいに磨きますから）

지게（チゲ）

練習1　次の単語を「-ㅂ시다/읍시다」の形に書いてみよう！

① 빨리 연락하다（早く連絡する）　_____
② 같이 가다（一緒に行く）　_____
③ 소중하게 쓰다（大切に使う）　_____
④ 하나 더 준비하다（もう一つ用意する）　_____
⑤ 좀 더 놀다（もうちょっと遊ぶ）　_____

練習2　次の単語を「-ㄹ게요/을게요」の形に書いてみよう！

① 점심, 내가 사다（昼食は私がおごる）　_____
② 2시, 전화하다（2時までに電話する）　_____
③ 집, 갔다오다（家に行ってくる）　_____
④ 꼭, 약속, 지키다（必ず約束を守る）　_____
⑤ 이 편지, 전해주다（この手紙を渡す）　_____

● ミニ会話（미니회화）⑩　CD-46

아시겠어요?

예, 알겠습니다

아뇨, 잘 모르겠습니다

"아시겠어요?" は、「お分かりですか／分かりましたか」の意味で "알겠습니다" は「分かります／分かりました」の意味です。"잘" を加えた "잘 알겠습니다" は「よく分かります／よく分かりました」の意味になり、"잘 모르겠습니다" は「よく分かりません」の意味になります。

단어（単語）⑩　방향・위치（方向・位置）　CD·47

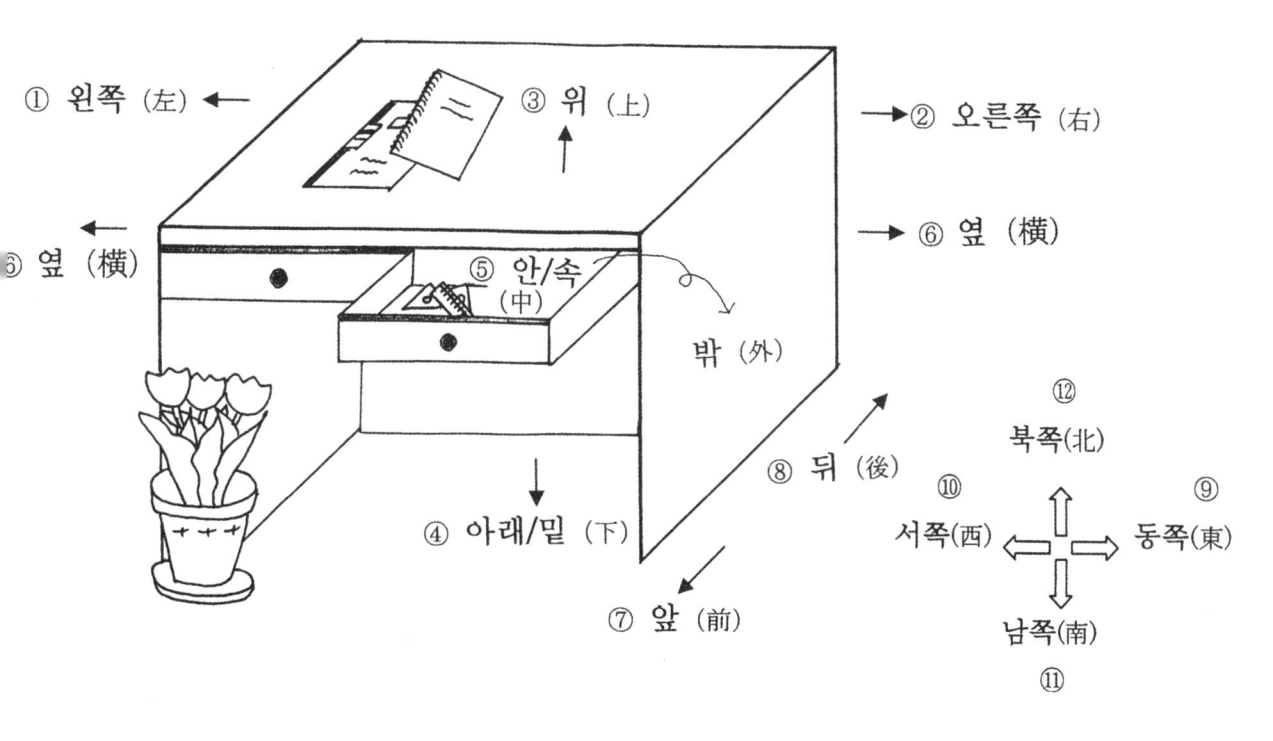

① 왼쪽（左）
② 오른쪽（右）
③ 위（上）
④ 아래/밑（下）
⑤ 안/속（中）
　밖（外）
⑥ 옆（横）
⑦ 앞（前）
⑧ 뒤（後）
⑨ 동쪽（東）
⑩ 서쪽（西）
⑪ 남쪽（南）
⑫ 북쪽（北）

☀位置を表すことばの前は、「〜の」にあたる「의」は不要。（机の上に＝책상 위에）

☀「ーㄹ 거예요／을 거예요」（〜するつもりです、〜するでしょう）
　話者の意思や未来の計画を述べる「〜するつもりです」に当たるものとして「ーㄹ 거예요／을 거예요」があります。3人称について言う場合や、形容詞に後続する場合は、「〜するでしょう」の推測の意味になります。「니다体」は「ー（으）ㄹ 겁니다」になります。

① 母音語幹用言：「ㄹ 거예요」が付く
　보다　보＋ㄹ 거예요 → 텔레비전을 볼 거예요.
　자다　자＋ㄹ 거예요 → 오늘은 일찍 잘 거예요.
　（ㄹ語幹用言：語幹＋거예요）
　멀다　멀＋거예요　→ 아프리카는 아주 멀 거예요.

② 子音語幹用言：「을 거예요」が付く
　먹다　먹＋을 거예요 → 아침에는 빵을 먹을 거예요.
　입다　입＋을 거예요 → 내일은 이 옷을 입을 거예요.

| 第9課 | 여보세요? |

사쿠라 : 여보세요?
　　　　 저는 이마이 사쿠라라고 하는데요,
　　　　 서진수 씨 계시면 좀 바꿔주세요.
　　X　 : 네 잠시만 기다리세요.
진수　 : 전화 바꿨습니다. 서진수입니다.
사쿠라 : 진수 씨, 저 사쿠라예요.

　　さくら：もしもし、私は今井さくらといいますが、
　　　　　　ソ・ジンスさんいらっしゃいましたらお願いします。
　　　X　：はい、少々お待ちください。
　　チンス：お電話代わりました。ソ・ジンスです。
　　さくら：チンスさん、私、さくらです。

語句
－라고 하다 　　：～という　　　　　－면　　　　：～れば
－라고 하는데요：　　　　　　　　　　바꾸다　　：代わる
　　　　～といいますが　　　　　　　바꿔주세요：代わってください
계시다　　：いらっしゃる　　　　　　바꿨습니다：代わりました

노리개（伝統衣装の飾り）

| 文　法 | －(으)면　(〜と、〜ば、〜たら、〜なら) |

「-면／으면」は、仮定的条件を表します。母音語幹用言、ㄹ語幹用言の場合は「면」が、子音語幹用言の場合は「으면」が付きます。

① | 母音語幹用言：「면」が付く |
　　나쁘다　나쁘＋면　→　날씨가 나쁘면 안 갈 거예요.
　　　　　　　　　　（天気が悪かったら行きません）

(ㄹ語幹用言：ㄹ語幹＋면)
　　알다　　　알＋면　→　이 문제 알면 가르쳐 주세요.
　　　　　　　　　（この問題を分かっていれば教えてください）

② | 子音語幹用言：「으면」が付く |
　　좋다　　　좋＋으면　→　날씨가 좋으면 같이 갑시다.
　　　　　　　　　（天気がよかったら一緒に行きましょう）

| 練習 | 次の（　）の中の語を使って作文してみよう！

① 忙しかったら先に行ってください。(바쁘다, 먼저, 가다)
　_____

② (例の)あの人が来たら一緒に食べます。(그 사람, 오다, 같이 먹다)
　_____

③ 今注文すれば明日届きます。(지금, 주문하다, 내일 오다)
　_____

④ 塩辛ければ水をもっとお入れ下さい。(짜다, 물, 더, 넣다)
　_____

⑤ 初雪が降ったら会いましょう。(첫 눈, 내리다, 만나다)
　_____

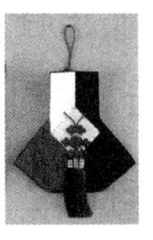

오방낭자주머니（オバンナンジャ袋）

第9課　応用編

外出中 CD-49

유키 : 여보세요? 저는 나카노 유킨데요.
　　　　서 진수 씨 계십니까?
 X　 : 지금 외출중인데요.
　　　　메모를 남겨 드릴까요?
유키 : 아니에요, 나중에 다시 걸겠습니다.

　　由紀：もしもし。私は中野由紀ですが、
　　　　　ソ・ジンスさんいらっしゃいますか。
　　 X ：今外出中ですが。
　　　　　伝言をお預かりしましょうか。
　　由紀：いいえ、後ほど掛け直します。

間違い電話 CD-50

유키 : 여보세요? 거기 서울역이죠?
 X 　: 몇 번에 거셨어요?
유키 : 372의 1409가 아닙니까?
 X 　: 번호는 맞지만 역이 아닌데요.
유키 : 아 그래요? 죄송합니다.

由紀：もしもし、そちらはソウル駅ですよね。
　Ｘ：何番にかけられましたか。
由紀：372の1409ではありませんか。
　Ｘ：番号は正しいですが、駅ではありませんが。
由紀：あ、そうですか。申し訳ありません。

語句

외출 중	：外出中	－이죠?(이지요?)	：～でしょう
메모	：メモ	몇 번에	：何番に
－드리다	：差し上げる	거셨어요?	：掛けられましたか
나중에	：後で、後ほど	－지만	：～けれども
역	：駅	－데요	：～んですが

文法(1)　　－지만（～けれども）

「-지만」は、文章を逆接につなげる場合使う接尾辞です。日本語の「～けれども」に当たります。

　바쁘다　바쁘＋지만　→　바쁘지만 숙제는 해요.
　　　　　　　　　　　（忙しいけれど宿題はします）
　멀다　　멀＋지만　→　그 집은 멀지만 자주 가요.
　　　　　　　　　　　((例の)あの家は遠いけれど頻繁に行っています)
　어렵다　어렵＋지만　→　어렵지만 열심히 합시다.
　　　　　　　　　　　（難しいけれど一生懸命しましょう）

☀丁寧体に「만」を付けた「ㅂ니다만／습니다만」も逆接につなげますが、「지만」より丁寧な言い方です。
　　미안합니다만 (미안하지만)　화장실이 어디예요?

☀頻度を表す表現

늘・항상・언제나	＞	잘・자주	＞	때때로	＞	가끔	＞	전혀
いつも		よく・頻繁に		時々		たまに		全然・全く

　가끔 영화를 보러 가요.　　（たまに映画を観に行きます）
　파칭코에는 전혀 안 갑니다.（パチンコには全く行きません）

| 文　法 (2) | －고（～して、～で） |

「-고」は、対等な文を並列的につなげる場合使う順接接尾辞です。「Aは～をし、Bは～をする」「Aは～で、Bは～だ」のように使います。

- 점심을 먹다 ＋ 차도 마시다
  → 점심을 먹고 차도 마셔요. （昼食を食べてお茶も飲みます）
- 한국어를 가르치다 ＋ 영어도 가르치다
  → 한국어를 가르치고 영어도 가르쳐요.

  （韓国語を教えて英語も教えます）

| 練習 | 次の（　）の中の語を使って短文を作ってみよう！ |

① 中国語も習う、生花も習う　（중국어도 배우다, 꽃꽂이도 배우다）
_____

② サッカーも好きだ、野球も好きだ　（축구도 좋다, 야구도 좋다）
_____

③ 文法はやさしい、会話は難しい　（문법은 쉽다, 회화는 어렵다）
_____

④ 姉は背が高い、妹は低い　（언니는 키가 크다, 여동생은 작다）
_____

⑤ 父は医師だ、母は教師だ（아버지는 의사이다, 어머니는 교사이다）
_____

● ミニ会話（미니회화）⑪　CD-51

천천히 말해 주세요.

네, 알겠어요.

　話しが聞き取れなかった時は、"천천히 말해 주세요"（ゆっくり言ってください）または、"다시 한 번 말해 주세요"（もう一度言ってください）と遠慮なく聞いてください。"네, 알겠어요"は、「はい、分かりました」という表現です。"말해 주세요"より"말씀해 주세요"の方がより丁寧です。

● 韓国の年中行事（연중행사・四大絶句）

韓国の年中行事は、古くから受け継がれている風習であるため、陰暦によって行われています。

① 설날（ソルラル（1月1日））
日本の元旦です。설날には韓服を着て朝早く家族そろって祖先に차례（チャレ・茶礼）を挙げます。それが終わると祖父母、父母、親戚（目上の人）に新年のあいさつをします。これを세배（セベ・歳拝）といいます。子供たちは세뱃돈（セベットン・歳拝金（お年玉））を楽しみにしています。歳拝金は、姑や舅が嫁に与えることもあります。설날には日本のお雑煮に当たる떡국（トック）を食べます。

② 한식（ハンシッ・寒食（冬至から105日目で2月下旬頃））
この日も차례（チャレ・茶礼）を挙げます。お供え物を持って墓参りをします。寒食という名前の由来は、この日は火を使わない冷たい食物を食べる習慣からだといわれています。

③ 단오（タノ・端午（5月5日））
この日も차례（チャレ・茶礼）を挙げます。女性は、창포（チャンポ・菖蒲）湯で髪の毛を洗ったり菖蒲の湯を飲んだりします。髪の毛がきれいになるし頭痛がおさまるといいます。また、그네（クネ・ブランコ）に乗って遊びます。男性は씨름（シルム・相撲）を楽しみます。

④ 추석（チュソッ・秋夕（8月15日））
新しい穀物と果物でお酒や餅（송편（ソンピョン））を作り、家族そろって祖先に차례（チャレ・茶礼）を挙げた後、お備え物を持って墓参りをします。陰暦8月15日の満月に日のことで、한가위（ハンガウィ）とも呼ばれています。この日も설날（ソルラル）のように里帰りをし、家族みんなで過ごします。

◎ 섣달그믐날（ソッタルグムナル（大晦日））
この日は部屋・庭・台所・トイレなど家の隅々に明かりをつけて寝ずに過ごすということで제야（チェヤ・除夜）ともいいます。眠るとまゆ毛が白くなるといわれています。

第10課　서울에서 살고 싶어요.

CD-52

진 수: 사쿠라 씨 졸업 후에 뭐 할 거예요?

사쿠라: 한국에서 더 공부하고 싶어요.

진 수: 무슨 공부 할 건데요?

사쿠라: 한국어 교육에 대해서요.

진 수: 나중에 뭐가 되고 싶어요?

사쿠라: 한국어 교사가 되고 싶어요.

チンス ： さくらさん、卒業の後は何をするつもりですか。
さくら ： 韓国でもっと勉強したいです。
チンス ： 何の勉強をするつもりですか。
さくら ： 韓国語教育についてです。
チンス ： 将来は何になりたいのですか。
さくら ： 韓国語教師になりたいです。

語 句
졸업[조립]	： 卒業	교육	： 教育
졸업 후[조러푸]	： 卒業の後	―에 대해서	： ～について
―가 되다	： ～になる	한국어 교사	： 韓国語教師
―고 싶다	： ～したい	―가 되고 싶다	： ～になりたい

☀ 「―에 대해 (서)」は、「～について／～に関して／～に対して」の意味です。「―에 대하여」も同じ意味です。「～に関する考え」のように体言がつく場合は「―에 대한 생각」となります。

☀ 「―가／이 되다」は、「～になる」の意味です。「会社員になります」は「회사원이 되어요(돼요)」となります。

| 文　法 | －고 싶다（〜がしたい） |

「-고 싶다」は、希望を表す表現です。母音語幹用言・子音語幹用言ともに使います。主語が3人称の場合は、「-고 싶어하다（〜したがる）」を用います。

（例）배우다（習う）　→　배우고 싶어하다（習いたがる）

　　가다　가　+　고 싶다　→　바다에 가고 싶어요.
　　　　　　　　　　　　　　　（海へ行きたいです）
　　살다　살　+　고 싶다　→　어디서 살고 싶어요?
　　　　　　　　　　　　　　　（どこで暮らしたいのですか）
　　받다　받　+　고 싶다　→　시계를 받고 싶어요.
　　　　　　　　　　　　　　　（時計がほしいです）

| 練習 | 次の文を日本語に訳してみよう！

① 외국에 편지를 부치고 싶어요.

② 영수는 불고기를 먹고 싶어해요.

③ 오늘 점심은 뭘 먹고 싶어요?

④ 좀 더 예뻐지고 싶어요.

⑤ 이 서류를 팩스로 보내고 싶습니다.

칠첩상（チルチョプ膳）　　スプーンとお箸

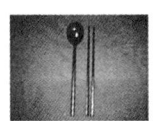

韓国ではスプーンとお箸、両方で食事をします。ご飯やスープ、チゲ類はスプーンで、おかずはお箸で食べます。

第10課　応用編　CD-53

> 진수: 이번 겨울에는 뭐 할 거예요?
>
> 사쿠라: 경주 불국사에 가 보고 싶어요.
>
> 진수: 그래요? 경주까지는 직항이 없는데, 혼자 갈 수 있겠어요?
>
> 사쿠라: 지난 번에 교류회에서 만난 사람이 경주에 살아요.
>
> 그 사람이 잘 도와 줄 거예요.

チンス：この冬は何をするつもりですか。
さくら：慶州（キョンジュ）・仏国寺（プルクッサ）へ行ってみたいです。
チンス：そうですか。慶州までは直行便はありませんが一人で行けますか。
さくら：先日交流会で会った人が慶州に住んでいるんです。
　　　　その人がよく助けてくれると思います。

語句

가 보다	: 行ってみる	지난 번	: 先日
가 보고 싶다	: 行ってみたい	혼자	: 一人で
직항[지캉]	: 直行便	교류회	: 交流会
―는데	: ～のだが	만난 사람	: 出会った人

☀「―아/어 보다」は、試してみる「～てみる」に当たる表現です。
　　오늘은 냉면을 먹어 봅시다.（今日は冷麺を食べてみましょう）

☀「―아/어 주다」は、話し手が他人の為に行為をなすという表現で「～てくれる」「～てあげる」に当たります。
　　이 편지를 읽어 주세요.　　（この手紙を読んで下さい）

文法　　　−ㄴ데／는데（〜んだが）

「-ㄴ데／는데」は、事情などを説明するという柔らかいニュアンスを持っている接尾語です。日本語の「〜のだが」に当たりますが、後続の内容によって順接にも逆接にもなります。品詞によって接尾語の形が変わるのにご注意。最後に「요」を付けると「〜んですが」の意味になる。「〜したんだが」の場合、「(過去) -았/었＋는데」の形になります。

①　「는데」が付く　（動詞・存在詞）

動詞…가다　　가＋는데　→　가는데.　　　（行くんだが）
存在詞…있다　있＋는데　→　있는데요.　　（あるんですが）
　　　　없다　없＋는데　→　없는데요.　　（ないんですが）
　（ㄹ語幹用言：ㄹ脱落＋는데）
　　　　만들다　만드＋는데　→　만드는데요.　（作るんですが）

②　「ㄴ데」が付く（形容詞母音語幹・指定詞）

形容詞…크다　　크　＋ㄴ데　→　큰데요.　　　（大きいですが）
指定詞…이다　　이　＋ㄴ데　→　교사인데요.　（教師なんですが）
　　　　아니다　아니＋ㄴ데　→　교사가 아닌데.（教師ではないのだが）

③　「은데」が付く場合（形容詞子音語幹）

높다　높＋은데　→　높은데요.　　（高いですが）
낮다　낮＋은데　→　낮은데요.　　（低いですが）

練習　次の文を日本語に訳してみよう！

① 비가 내리는데 우산이 없어요.
_____

② 이사를 하는데 친구가 도와주었어요.
_____

③ 선배를 만나러 가는데 같이 갑시다.
_____

④ 전화를 했는데 아무도 안 받아요.
_____

⑤ 이 문제는 이해가 안되는데 좀 가르쳐 주세요.

● ミニ会話（미니회화）⑫　CD-54

생일 축하합니다!

정말 고맙습니다.

　"축하합니다"は「おめでとうございます」の表現で、"생일(誕生日)" "결혼"（結婚）"입학"（入学）"졸업"（卒業）"취직"（就職）などの時に使います。"축하드립니다"　はもっと丁寧な表現です。"고맙습니다"は、「ありがとうございます」で、"정말 고맙습니다"は、「本当にありがとうございます」の意味です。

疑問詞のまとめ

疑 問 詞		例 文
何	뭐 (무엇)	이거 뭐예요? (이것은 무엇입니까?)
いつ	언제	언제 공부해요?
どこ	어디	어디 가세요?
だれ	누구	누구세요?
どうやって	어떻게	어떻게 해요?
いくつの (数を問う)	몇	몇 개예요? 몇 시예요?
何の	무슨	무슨 신문 보세요?
どんな	어떤	어떤 음식을 좋아하세요?
なぜ	왜	왜 안 먹어요?
いくら	얼마	얼마예요?

発音の変化

日本語で「1匹、2匹、3匹」の「匹」を「いっぴき、にひき、さんびき」と変化して発音するように、한글も発音しやすくするための一定の規則があります。

●有声音化

「ㄱ」「ㄷ」「ㅂ」「ㅈ」は、語頭ではそれぞれ[k][t][p][ʧ]と発音されますが、語中と語末では、[g][d][b][ʤ]と発音されます。

    가구 カグ（家具）   누구 ヌグ（誰）   두부 トゥブ（豆腐）
    [kagu]   [nugu]   [tubu]

●鼻音化

받침「ㄱk」「ㄷt」「ㅂp」に、「ㄴn」「ㅁm」がくると、받침「ㄱk」「ㄷt」「ㅂp」は「ㅇŋ」「ㄴl」「ㅁm」と発音されます。

    국내 ［궁내］（国内）   ㄱ＋ㄴ → ㅇ＋ㄴ
    입니다 ［임니다］（です）   ㅂ＋ㄴ → ㅁ＋ㄴ
    합니다 ［함니다］（します） ㅂ＋ㄴ → ㅁ＋ㄴ

●連音化

받침の後に「ㅇ」で始まる文字がくると、받침の音が「ㅇ」に移ります。

    국어 ［구거］（国語）   단어 ［다너］（単語）
    일본어 ［일보너］（日本語）   음악 ［으막］（音楽）

●濃音化

「ㄱk」「ㄷt」「ㅂp」「ㅅs」「ㅈch」は、받침の「ㄱk」「ㄷt」「ㅂp」音の後に来ると濃音化になります。

    식당 ［식땅］（食堂）   학생 ［학쌩］（学生）   입국 ［입꾹］（入国）

●舌側音化

받침の後に「ㄴ n」と「ㄹ l」あるいは「ㄹ l」と「ㄴ n」が続くと、どちらも「ㄹ l」になります。

연락 [열락] （連絡） ： ㄴ＋ㄹ → ㄹ＋ㄹ
설날 [설랄] （お正月）： ㄹ＋ㄴ → ㄹ＋ㄹ

●口蓋音化

받침「ㄷ t」「ㅌ tʰ」に「이 i」がくると、「ㄷ t」は「ㅈ j」に、「ㅌ tʰ」は「ㅊ chʰ」に変ります。

굳이 [구지] （あえて）　　곧이 [고지] （そのまま）
같이 [가치] （一緒に）　　붙이다 [부치다] （つける）

●「ㅎ」音の変化

받침「ㄱ k」「ㄷ t」「ㅂ p」音に「ㅎ h」がくる時、もしくは「ㅎ h」音に「ㄱ k」「ㄷ t」「ㅂ p」「ㅈ ch」がくる時は、それぞれ激音「ㅋ kʰ」「ㅌ tʰ」「ㅍ pʰ」「ㅊ chʰ」と発音されます。

축하 [추카] （祝賀）　　좋다 [조타] （良い）

받침「ㄴ n」「ㄹ l」「ㅁ m」「ㅇ ŋ」に「ㅎ h」がくる時は、「ㅎ h」はほとんど発されません。

전화 [저놔] （電話）　　번호 [버노] （番号）
좋아요 [조아요] （いいです）

| 助詞のまとめ |

日本語	意味・機能	語末の받침(パッチム)		
		ない	ある	
			ㄹ받침	
～は	主題	는 (아이는)	은 (선생님은)	
～が	主語	가 (아이가)	이 (선생님이)	
～を	目的	를 (아이를)	을 (선생님을)	
～も	添加	도 (아이도, 선생님도)		
～に	事物・場所・時	에 (오사카에, 서울에)		
	人間・動物	에게, 한테 (께) (친구에게, 친구한테, 어머니께)		
～と	列挙	와 (친구와)	과 (선생님과)	
		하고 (아이하고, 선생님하고)		
～に	方向	로 (오사카로, 배로)	로 (서울로, 쌀로)	으로 (한국으로, 신칸센으로)
～で	道具・手段			
	場所	에서 (서울에서)		

～から	事物・場所	에서 (서울에서)	
	時間・順序	부터 (두 시부터)	
	人・動物	에게서, 한테서 (께서) (친구에게서, 친구한테서, 어머니께서)	
～まで	場所・時間	까지 (오사카까지, 두 시까지)	
～の	所有	의 (친구의)	
～より	比較	보다 (친구보다)	
～して	順接	고 (보고, 먹고)	
～しに	動作の目的	러 (보러)	으러 (먹으러)
～れば	仮定的条件	면 (보면)	으면 (먹으면)
～ながら	同時動作	면서 (보면서)	으면서 (먹으면서)
～ので	理由	니까 (보니까)	으니까 (먹으니까)

연하장 (ヨンハチャン・韓国の年賀状)
새해 복 많이 받으십시오 (あけましておめでとうございます)

単語リスト（韓国語→日本語）

【ㄱ】

-가(이)	-が	고등학교	高校	그러면	それでは
-가(이)되다	-になる	고등학생	高校生	그런데	ところで
가구	家具	고양이	猫	그럼(그러면)	では
가끔	たまに	고추	唐辛子	그렇다	そうだ
가다	行く	고향	故郷	그렇지만	けれども、だが
가르쳐 주다	教えてあげる	곧	すぐ	-그루	-本(木、花)
가르치다	教える	공부	勉強	그리고	そして
가방	カバン	공부하다	勉強する	그리다	描く
가수	歌手	과거	過去	그림	絵
가을	秋	과일	果物	그저께	一昨日
간식	おやつ	과자	お菓子	그쪽	そちら
갔다오다	行って来る	괜찮다	大丈夫だ	근데	ところで
강	川	교류회	交流会	글쎄요	そうですね、さあ
같이	一緒に	교사	教師	글피	明々後日
개	犬	교육	教育	금년	今年
거(것)	もの、こと	구	九	금붕어	金魚
거기	そこ	구두	靴	금요일	金曜日
거북	亀	구십	九十	기다리다	待つ
거시다	おかけになる	구월	九月	기억	記憶
건너편	向かい側	국내	国内	기차	汽車
건물	建物	국수	麺類	길	道、道路
걷다	歩く	국어	国語	김	海苔
걸리다	かかる	-권	-冊	김밥	海苔巻き
-게요	-します	귤	みかん	김치	キムチ
겨울	冬	그	その	-까지	-まで、までに
결혼	結婚	그거	それ	-까지는	-までは
계시다	いらっしゃる	그것	それ	께	に (敬体)
계절	季節	그래도	でも	꼭	必ず、きっと
-고 있다	-している	그래서	それで	꽃	花
-고 싶다	-したい	그래요	そうです	꿈	夢
고구마	サツマ芋	그러나	しかし、だが	끝나다	終わる

95

【ㄴ】

나	僕、わたし	내가	私が	노래	歌
나가다	出かける	내년	来年	노트	ノート
나라	国	내달	来月	녹차	緑茶
나비	蝶々	내리다①	降る（雨、雪）	놀다	遊ぶ
나쁘다	悪い	내리다②	降りる（乗り物）	높다	高い（建物など）
나의	僕の、私の	내일	明日	누가	だれが
나중에	後で、後ほど	내주	来週	누구	だれ
남	南	내후년	再来年	누나	姉（←弟）
남겨드리다	残してあげる	넣다	入れる	누워 있다	横になっている
남동생	弟	네-	四つの-	눈	目、雪
남쪽	南側	넷	四つ	-는(은)	-は
남편	夫	넷째 주	第四週目	늦다	遅れる
낮다	低い	노란 가방	黄色のカバン		
내	私の	노랗다	黄色い		

【ㄷ】

다	すべて	대학교	大学校	뒤	後、後ろ
다리	脚、橋	대학생	大学生	드라마	ドラマ
다섯	五つ	덥다	暑い	드리다	差し上げる
다음	次	도시락	お弁当	드시다	お飲みになる
다음 달	来月	도와주다	手伝ってあげる	듣다	聞く、聴く
다음 주	来週	도토리	どんぐり	-들	-たち
다음 해	来年	독서	読書	등	背中、～など
다다음 달	再来月	돈	お金	등산	登山
다다음 주	再来週	동	東	따뜻하다	暖かい
닦다	磨く	동물원	動物園	따로	別々に
단어	単語	동쪽	東側	딸	娘
단어집	単語集	두-	二つの-	딸기	いちご
달	月	두부	豆腐	때때로	時々
당분간	しばらく	두부찌개	豆腐チゲ	때문에	ために、せいで
-대	-台（車など）	둘	二つ（固有語）	또	また
대학	大学	둘째 주	第二週目	뛰다	走る

【ㄹ】

-라고 하다	-という	-러(으러)	-しに	-로(으로)①	-に（方向）
라면	ラーメン	레스토랑	レストラン	-로(으로)②	-で（手段）
-라면	-なら	레몬	レモン		

【ㅁ】

-마리	匹、羽など動物の数え方	맞다	正しい、合う	모르다	知らない
마스캇트	マスカット	맞은편	向かい側	모자	帽子
마시다	飲む	맥주	ビール	목요일	木曜日
마지막 주	最後の週	맵다	辛い	못-	-できない
마흔	四十	머리	頭、髪の毛	무슨-	何の-
만①	万	먹다	食べる	무슨 날	何の日
-만②	-だけ	먼저	先に、まず	무슨 요일	何曜日
만나다	会う	멀다	遠い	무슨 일	何の用
만들다	作る	메일	メール	무엇	何
만오천 원	１万５千ウォン	메모	メモ	무엇을	何を
만큼	ほど、くらい	며느리	嫁	문법	文法
많다	多い	며칠	何日	문제	問題
많이	たくさん	-(으)면서	-ながら	묻다	尋ねる
말①	ことば	-명	名-	물	水
말②	馬	명동	明洞	뭐 (무엇)	何
말이다	ことである	몇-	いくつの-（数）	뭘 (무엇을)	何を
말하다	話す、言う	몇 번	何度、何回	미래	未来
맛없다	まずい	모두	みんな、全て	미안하다	すまない
맛있다	おいしい	모레	明後日	밀감	みかん
		모르겠다	知らない	밑	底、下

【ㅂ】

바꾸다	変える	밖①	外	받다	受け取る
바나나	バナナ	밖②	その他	밥	ご飯
바다	海	-밖에	-しか、他に	방	部屋
바람	風	반	半・クラス	밖	外、他
바쁘다	忙しい	반갑다	うれしい	밭	畑
바지	ズボン	반지	指輪	배	腹、梨、船

배드민턴	バトミントン	보내다①	送る（物）	북	北
배우다	習う、学ぶ	보내다②	過ごす（時間）	북쪽	北側
백	百	보는 것	みること	-분	-方（人）
버스	バス	보다①	みる	불다	吹く
버스정류장	バス亭	-보다②	-より（比較）	붙이다	貼る、つける
-번	-番	복숭아	桃	비	雨
번호	番号	봄	春	빠르다	速い、早い
벌	蜂	봉투	封筒	빨간색	赤い色
-벌	-着（服）	뵙다	お目にかかる	빨갛다	赤い
별로	別に、あまり	부치다	送る（手紙）	빨리	早く
-병	-本（ボトル）	부탁하다	頼む	빵	パン

【ㅅ】

사	四	생일	誕生日	소중하다	大切だ、大事だ
사기	詐欺	서・서쪽	西・西側	-속	-中
사계절	四季	서다	立つ、止まる	손	手
사과	りんご	서류	書類	손녀	孫娘
사다	買う	서른	三十(固有語)	손자	孫息子
사람	人	서울	ソウル	-송이	-りん、本(花)
사랑	恋、愛	서울역	ソウル駅	쇼핑하다	ショッピングする
사십	四十	서쪽	西側	-수 없었다	-できなかった
사월	四月	선물	お土産、プレゼント	수업	授業
사위	お婿	선배	先輩	수영	水泳
사전	辞書	선생님	先生	수요일	水曜日
사진	写真	선선하다	涼しい	수첩	手帳
사촌	従兄弟	설날	元旦	수학여행	修学旅行
산	山	설명하다	説明する	숙제	宿題
산 꼭대기	山頂	세-	三つの-	술	酒
-살	-歳	세 개	三個	쉰	五十(固有語)
살다	住む	세계사	世界史	쉽다	(問題)簡単だ
삼	三	셋	三つ(固有語)	스물	二十(固有語)
삼십	三十	셋째 주	第三週目	스승의 날	恩師の日
삼월	三月	소리	音、声	스커트	スカート
색	色	소주	焼酎	스키	スキー

스타킹	ストッキング	식당	食堂	십이월	十二月
-시	-時	식사하다	食事する	십일월	十一月
시간	時間	신다	履く	쌀	米
시내	市内	신문	新聞	쓰다①	書く、付ける
시아버지	舅	신발	履物	쓰다②	使う、使用する
시어머니	姑	신칸센	新幹線	쓰다③	苦い
시월	十月	실례	失礼	씨	-さん、種
시험	試験	심다	植える	씨름	韓国式の相撲
시험준비	試験勉強	십	十	씻다	洗う

【ㅇ】

아가씨	お嬢さん	안되다	駄目、できない	어떤-	どんな-
아까	さっき	안부	安否	어떻게	どうやって
아내	妻	안주	おつまみ	어렵다	難しい
아뇨	いや	앉다	座る	어린이 날	こどもの日
-아니다	-ではない	알다	知る、分かる	어머(나)	あら、あらま！
아니오	いいえ	앞	前	어머니	お母さん
-아닌데요	-ではありませんが	애인	恋人	어버이 날	両親の日
		야구	野球	어서	早く、急いで
아들	息子	약	薬	어울리다	似合う
아래	下、底	약국	薬局	어제	昨日
아르바이트	バイト	약속	約束	억	億
아무도	誰も	양말	靴下	언니	姉（←妹）
아버지	お父さん	양배추	キャベツ	언제	いつ
아빠	パパ	양복	洋服	얼굴	顔
아이(애)	子供	양파	たまねぎ	얼굴색	顔色
아주	よく、頻繁に	어느-	どの-	얼마	いくら（価額）
아침	朝、朝食	어느 거 (어느 것)	どれ	얼마나	どれほど
아프다	痛い	어느 게 (어느 것이)	どれが	엄마	ママ
아홉	九(固有語)			없다	ない、いない
아흔	九十(固有語)			-에 대해서	-について
-안①	-中	어느 쪽	どちら	-에서	-から、-で
안②	-くない、-しない	어디	どこ	엔지니어	エンジニア
		어디(에)서	どこで(から)	여기	ここ

99

여기 있다	ここにある/いる どうぞ	오빠	兄（妹から）	육십	六十
여덟	八つ	오십	五十	음료수	飲み物
여동생	妹	오월	五月	음식	食べ物
여든	八十(固有語)	오이	きゅうり	음악	音楽
여름	夏	오전	午前	-의	-の
여보세요	もしもし	오천	五千	의논	相談
여섯	六つ(固有語)	오토바이	オートバイ	의사	医者
여우	狐	오후	午後	의자	椅子
여유	余裕	올해	今年	이사	引っ越し
여자	女、女性	옷	服	이번	今度
여행	旅行	와 주다	来てくれる	이거(이것)	これ
역	駅	왜	なぜ	-이다	-である、ーだ
연락	連絡	외①	他に	이달	今月
연필	鉛筆	외②	外	이름	名前
연휴	連休	외국	外国	이번 달	今月
열	十(固有語)	외국어	外国語	이번 주	今週
열심히	一生懸命	외출중	外出中	이상(하다)	理想(変だ、おかしい)
영어	英語	외할머니	祖母(母方の)	이십	二十
영화	映画	외할아버지	祖父(父方の)	이야기하다	話す
영화관	映画館	왼쪽	左側	이유	理由
옆	そば、横	요	敷き布団	이월	二月
예	はい	요리	料理	이인분	二人前
예뻐지다	きれいになる	우리	私たち	이제	もう
예쁘게	きれいに	우산	傘	-이죠(이지요?)	-でしょう
예쁘다	きれいだ	우유	牛乳	이쪽	こちら
예쁜 우산	きれいな傘	우체국	郵便局	이해	理解
예순	六十(固有語)	운동	運動	일	日、一、用、仕事
-예요/이에요	-(名詞)です	울다	泣く	일곱	七(固有語)
오	五	-원	-ウォン	일기	日記
오늘	今日	월요일	月曜日	일본	日本
오다	来る	위	上	일본말	日本のことば
오렌지	オレンジ	유명하다	有名だ	일본식	日本風
오른쪽	右側	유월	六月	일본어	日本語
		육	六	일어나다	起きる

일요일	日曜日	입국	入国	입시	入試
일월	一月	-입니까?	-ですか	입학	入学
일찍	早く	-입니다	-です	있다	ある、いる
일흔	七十(固有語)	입구	入り口		
읽다	読む	입다	着る		

【ㅈ】

자다	寝る	전하다	伝える	주차장	駐車場
자라	すっぽん	전해주다	伝えてあげる	준비하다	準備する
-자루	-本（鉛筆）	전혀	全然、全く	중국어	中国語
자전거	自転車	전화	電話	중학교	中学校
자주	頻繁に、よく	젊다	若い	중학생	中学生
작년	去年	점심	昼食	지구	地球
작다	小さい	정하다	決める	지금	今
-잔	-杯（お茶など）	제 (저의)	わたくしの	지난 달	先月
잠시	しばらく	제가	わたくしが	지난 번	この前
잠시만	少しの間	조	兆	지난 주	先週
잠옷	パジャマ	조금	少し	지난 해	去年
잡지	雑誌	조카	甥、姪	지난지난 달	先々月
-장	-枚（紙など）	졸업	卒業	지난지난 주	先々週
장미	バラの花	좀 (조금)	少し	지난지난 해	一昨年
재작년	一昨年	좀 더	もう少し	지도	地図
저①	私	종이	紙	지리	地理
저- ②	あの-	좋다	いい	지키다	守る
저거 (저것)	あれ	좋아하다	好きだ	직항	直行便
저녁	夜、夕方、夕食	주다	あげる	집	家
저쪽	あちら	주무시다	お休みになる	짜다	塩辛い
전①	前	주문하다	注文する	쭉	まっすぐ
전(저는)②	私は	주시다	くださる	찌개	チゲ

【ㅊ】

차①	お茶	찾다	探す	처음	はじめて
차②	車	채소	野菜	천	千
참가하다	参加する	책	本	첫째 주	第一週目

101

청바지	ジーパン	춥다	寒い	칠	七
추억	思い出	취미	趣味	칠십	七十
축구	サッカー	취직	就職	칠월	七月
축하하다	祝賀する	치즈	チーズ		
출발하다	出発する	친구	友達		

【ㅋ】

커피	コーヒー	코트	コート	키	身長、背
컴퓨터	コンピューター	콜라	コーラ		
케이크	ケーキ	크다①	背が高い		
-켤레	-足（靴・靴下）	크다②	大きい(サイズ)		

【ㅌ】

타다	乗る	토끼	ウサギ	통	箱
테니스	テニス	토마토	トマト		
텔레비전	テレビ	토요일	土曜日		

【ㅍ】

파	ねぎ	파칭코	パチンコ	편지	手紙
파도	波	팔	八	포도	ぶどう
파란-	青色の-	팔십	八十	피리	笛
파란색	青色	팔월	八月		
파랗다	青い	팩스	ファックス		

【ㅎ】

-하고	-と	한국영화	韓国映画	혼자	一人(で)
하나	ひとつ	-한테	-に（人・動物）	홍콩영화	香港映画
하는 것	すること	-한테서	-から（人・動物）	화요일	火曜日
-하다	-する	할머니	おばあさん	화장실	お手洗い
하지만	だが、ですが	할아버지	おじいさん	회사	会社
학교	学校	-합시다	-しましょう	회사원	会社員
학생	学生	해	太陽	회의	会議
한-	ひとつの-	현재	現在	회화	会話
한국	韓国	형	兄（←弟）	후	後
한국말	韓国のことば	형부	義理の兄（←妹）	후회	後悔
한국어	韓国語	형제	兄弟	휴가	休暇

単語リスト（日本語→韓国語）

【あ】

愛	사랑	あの-	저-	従兄弟	사촌
間	사이, 간, 동안	雨	비	犬	개
アイロン	다리미	洗う	씻다	地球	지구
会う	만나다	あらま	어머(나)	今	지금
合う	맞다(サイズ)	ある	있다	妹	여동생
青い	파랗다	歩く	걷다	いやだ	싫다
青色	파란색, 파랑색	あれ	저거(저것)	いらっしゃる	계시다
赤い	빨갛다	安否	안부	入り口	입구
赤色	빨간색, 빨강색	いい	좋다	いる	있다
秋	가을	いいえ	아뇨(아니오)	入れる	넣다
朝	아침	言う	말하다	色	색
あげる	주다	家	집	飲料水	음료수
明後日	모레	いか	오징어	上	위, 상
足	발	行く	가다	植える	심다
脚	다리	いくつの-	몇-	ウォン	원
-足	-켤레(靴など)	いくら	얼마（価額）	受け取る	받다
明日	내일	生け花	꽃꽂이	ウサギ	토끼
あそこ	저기	医師	의사	後ろ	뒤
遊ぶ	놀다	椅子	의자	歌	노래
暖かい	따뜻하다	急いで	어서, 빨리	馬	말
頭	머리	忙しい	바쁘다	海	바다
あちら	저쪽	痛い	아프다	うれしい	반갑다
暑い	덥다	一	일	運動	운동
後	후	一月	일월	絵	그림
後で	나중에, 이따가	いつ	언제	映画	영화
兄	오빠(←妹) / 형(←弟)	一緒に	같이	映画館	영화관
		五つ	다섯	英語	영어
姉	언니(←妹) / 누나(←弟)	一生懸命	열심히	描く	그리다
		行って来る	갔다오다	駅	역

103

エンジニア	엔지니어	送る（手紙）	부치다,보내다	お腹	배
鉛筆	연필	送る（物）	보내다	お飲みになる	드시다
甥	조카	遅れる	늦다	お目にかかる	뵙다(만나뵙다)
おいしい	맛 있다	教えてあげる	가르쳐 주다	思い出	추억
終える	끝내다,	教える	가르치다	思う	생각하다
終わる	끝나다	お嬢さん	아가씨	お休みになる	주무시다
多い	많다	お茶	차	男、男子	남, 남자
大きい	크다	お手洗い	화장실	降りる	내리다
オートバイ	오토바이	おでん	오뎅	終わる	끝나다
おかけになる	거시다(電話)	夫	남편,부	音楽	음악
お菓子	과자	音	소리	恩師の日	스승의 날
起きる	일어나다	弟	남동생	女、女性	여, 여자
億	억	一昨日	그저께		

【か】

-が	-가(이)	家具	가구	-から	-에서（場所）
母	어머니	学生	학생		-한테（人・動物）
会議	회의	過去	과거	川	강
外国	외국	傘	우산	代わる	바뀌다
外国語	외국어	歌手	가수	韓国	한국
会社	회사	風	바람	韓国映画	한국영화
会社員	회사원	家族	가족	韓国語	한국어 （말）
外出中	외출중	-方（人）	-분	看護師	간호사
会話	회화	必ず	꼭, 반드시	鑑賞	감상
買う	사다	金	돈	間食	간식
変える	바꾸다	カバン	가방	元旦	설날
顔	얼굴	紙	종이	木	나무
顔色	얼굴색	髪の毛	머리,머리카락	黄色い	노랗다
かかる①	걸리다(時間)	亀	거북	黄色の-	노란-
かかる②	들다 （費用）	火曜日	화요일	記憶	기억
書く	쓰다	-から	-부터(時間)	聴く	듣다

汽車	기차	きれいな-	예쁜-	コーラ	콜라
季節	계절	きれいに	예쁘게	五月	오월
北	북	きれいになる	예뻐지다	故郷	고향
北側	북쪽	金	금	国語	국어
きっと	꼭,반드시	銀	은	国内	국내
狐	여우	金魚	금붕어	ここ	여기
来てくれる	와 주다	金曜日	금요일	午後	오후
昨日	어제	九月	구월	ここにある どうぞ	여기 있다
キムチ	김치	薬	약		
決める	정하다	くださる	주시다	五十	쉰(固有語)
九	구	果物	과일	五十	오십
九	아홉(固有語)	靴	구두	午前	오전
具合が悪い	아프다	靴下	양말	五千	오천
休暇	휴가	国	나라,국	こちら	이쪽
九十	구십	来る	오다	小遣い	용돈
九十	아흔(固有語)	車	차	-こと	-거(것)
牛乳	우유	月曜日	월요일	今年	올해,금년
きゅうり	오이	けれども	그렇지만,하지만	ことである	말이다
今日	오늘	結婚	결혼	ことば	말
教育	교육	現在	현재	子供	아이,어린이
教師	교사	五	오	子供の日	어린이 날
兄弟	형제	恋(愛)	사랑	この前	지난 번,얼마전
去年	작년,지난해	恋人	애인	ご飯	밥
嫌いだ	싫어하다	声	소리,목소리	米	쌀
義理の兄	형부(←妹) 매형(←弟)	後悔	후회	これ	이거(이것)
		高校生	고등학생	今月	이달,이번 달
義理の父	장인(妻の父)	高速道路	고속도로	今週	이번 주
義理の母	장모(妻の母)	交流会	교류회	今度の-	이번-
着る	입다	コート	코트	コンピューター	컴퓨터,PC
きれい	예쁘다	コーヒー	커피		

【さ】

さあ	글쎄(요)	時間	시간	授業	수업
-歳	-살,-세	四季	사계절	祝賀する	축하하다
最後の週	마지막 주	敷き布団	요	宿題	숙제
探す	찾다	試験準備	시험준비	出発する	출발하다
詐欺	사기	仕事	일	趣味	취미
先に	먼저	下	아래,밑	準備する	준비하다
酒	술	-したい	-싶다	小学生	초등학생
差し上げる	드리다	-したがる	-싶어하다	少々	잠시,잠깐(만)
-冊	-권	七月	칠월	焼酎	소주
サッカー	축구	失礼	실례	食事する	식사하다
さっき	아까	-している	-고 있다	食堂	식당
雑誌	잡지	辞典・辞書	사전	ショッピングする	쇼핑하다
さつま芋	고구마	自転車	자전거	書道	서예
寒い	춥다	自動車	자동차	書類	서류
再来月	다음다음 달	-しない	안-	知らない	모르다,모르겠다
再来週	다음다음 주	市内	시내	知る	알다,알겠다
再来年	내후년	-しに	-러(으러)	シルム	씨름 (韓国式の相撲)
三	삼	しばらく	잠시,잠깐	白い	흰색
-さん	-씨	しばらくの間	잠시만,잠깐만	新幹線	신칸센
参加する	참가하다	-しましょう	-합시다	身長	키,신장
三月	삼월	-します	-게요	新年	새해,신년
三個	세 개	写真	사진	新聞	신문
三十	삼십	十	십	水泳	수영
三十	서른(固有語)	十	열(固有語)	すいか	수박
時(間)	시(간)	十一月	십일월	水曜日	수요일
明々後日	글피	修学旅行	수학여행	スカート	스커트
ジーパン	청바지	十月	시월	スキー	스키
塩辛い	짜다	就職	취직	好きだ	좋아하다
-しか	-밖에,-만	舅	시아버지	すぐ	곧,곧장,바로
しかし	그러나,하지만	姑	시어머니	過ごす	보내다,지내다(時間)
四月	사월	十二月	십이월		

少し	좀(조금)	千	천	そこ	거기
すし	스시	先月	지난 달	底	밑,아래
涼しい	선선하다, 시원하다	先週	지난 주	そして	그리고
		先生	선생님	そちら	그쪽
ストッキング	스타킹	全然	전혀	卒業(式)	졸업(식)
すべて	다,모두,전부	先々月	지난지난 달	外	밖,외
ズボン	바지	先々週	지난지난 주	その-	그-
すまない	미안하다	先輩	선배	その他	그 외,그 밖
住む	살다	全部	전부,다	そば	메밀국수
する	하다	そう	그래	祖父	할아버지, 외할아버지 (母方)
すること	하는 것	そうだ	그렇다	祖母	할머니, 외할머니 (母方の)
座る	앉다	相談	상담,의논	それ	그거(그것)
-せいで	-때문에	そうです	그래요	それで	그래서
世界(史)	세계(사)	ソウル	서울	それでは	그럼(그러면)
説明	설명	ソウル駅	서울역		

【た】

-台	-대(車など)	尋ねる	묻다	誕生日	생일
第一週目	첫째 주	正しい	맞다,바르다	地位	지위
大学	대학	-たち	-들	小さい	작다
大学生	대학생	立つ	서다	チーズ	치즈
第三週目	셋째 주	建物	건물	地図	지도
大丈夫だ	괜찮다	頼む	부탁하다	父	아버지
第二週目	둘째 주	食べ物	음식,요리	地理	지리
太陽	해,태양	食べる	먹다	-着（服)	-벌
第四週目	넷째 주	たまに	가끔	注意	주의
高い	높다(ビル) 비싸다(値段)	玉ねぎ	양파	中学校	중학교
		だれ	누구	中学生	중학생
たくさん	많이	だれが	누가	中国	중국
たくさんの-	많은-	誰も	아무도,누구도	中国語	중국어
タクシー	택시	単語	단어	駐車	주차
-だけ	-만	単語集	단어집	駐車場	주차장

昼食	점심	-できる	-수 있다	道路	도로,길
注文する	주문하다	-でしょう	-이죠(이지요)	動物園	동물원
兆	조	-です	-예요(이에요)	どうやって	어떻게
頂上	산 꼭대기	-です	-입니다	遠い	멀다
蝶々	나비	-ですか	-예요(이에요)?	時々	때때로
直行便	직항	-ですか	-입니까?	読書	독서
ちょっと	좀 (조금)	-ですが	-습니다만	どこ	어디
月	달,월	手帳	수첩	どこで	어디서(어디에서)
次	다음	手伝う	도와주다	ところで	근데(그런데)
作る	만들다	テニス	테니스	登山	등산
伝える	전해주다	-ではありませんが	-아닌데요	年	나이,해
伝える	전하다			どちら	어느 쪽
使う	쓰다,사용하다	-ではない	-가 아니다	とても	아주
つける	쓰다	でも	그래도	どの-	어느-
妻	아내	テレビ	텔레비전,TV	友達	친구
つまみ	안주	電話	전화	土曜日	토요일
手	손	-と	-하고,과(와)	ドラマ	드라마
-で(手段)	-로(으로)	-という	-라고 하다	どれ	어느 거, (어느 것)
-で(場所)	-에서	トイレ	화장실	どれが	어느 게(어느 것이)
-である	-이다	父	아버지	どれほど	얼마나
出かける	나가다	唐辛子	고추	どんぐり	도토리
手紙	편지	どうぞ	여기 있어요	どんな-	어떤-
-できない	못-	豆腐	두부		
-できない	-수 없다	豆腐チゲ	두부찌개		

【な】

ない、いない	없다	夏	여름	何	뭐(무엇)
中	속,안,중	-など	-등	何曜日	무슨 요일
-ながら	-면서(으면서)	七	칠	何を	뭘(무엇을)
泣く	울다	七つ	일곱(固有語)	名前	이름,성명
梨	배	七十	칠십	波	파도
なぜ	왜	七十	일흔(固有語)	-なら	-(이)라면

習う	배우다	西	서	入学	입학
何度	몇 번	西側	서쪽	入試	입시
何日	며칠	二十	스물(固有語)	ねぎ	파
何の-	무슨-	二十	이십	猫	고양이
何の日	무슨 날	日	일,날	寝る	자다
何の用事	무슨 일	日曜日	일요일	-の	-의
二	이	-について	-에 대해(서)	ノート	공책,노트
-に①	-에		-에 대하여	残してあげる	남겨드리다
-に②	-에게,한테(人・動物)	日記	일기	残す	남기다
-に③	-께(人・敬体)	-になる	-가(이) 되다	後ほど	나중에
-に(方向)	-로(으로)	二人前	이인분	飲む	마시다
似合う	어울리다	日本	일본	海苔巻き	김밥
二月	이월	日本語	일본어,일본말	乗る	타다
		日本風	일본식		

【は】

-は	-는(은)	八十	여든(固有語)	-番	-번
はい	예,네	八十	팔십	パン	빵
-杯	-잔	パチンコ	파칭코	番号	번호
履物	신발	花	꽃	昼、昼食	점심
履く	신다	話す	이야기하다, 말하다	ビール	맥주
箱	통	バナナ	바나나	東	동
橋	다리	母	어머니	東側	동쪽
はじめて	처음	バドミントン	배드민턴	-匹	-마리
パジャマ	잠옷	早く	어서,빨리,일찍	低い	낮다
走る	뛰다			飛行機	비행기
バス	버스	腹	배	引っ越し	이사
バス亭	버스정류장	バラ	장미	左側	왼쪽
畑	밭	春	봄	人	사람,인
八	팔	貼る	붙이다	ひとつ	하나
蜂	벌	半	반	ひとつの-	한-
八月	팔월			一人（で）	혼자（서）

109

ビビンバ	비빔밥	二つの-	두-	勉強	공부
百	백	ぶどう	포도	勉強する	공부하다
頻繁に	자주	船	배	弁当	도시락
ファックス	팩스	冬	겨울	帽子	모자
封筒	봉투	降る(雨等)	내리다,오다	他に	외
笛	피리	プレゼント	선물	ほど	만큼,정도
吹く	불다	文法	문법	本	책
服	옷	別に	별로、따로	-本	-병(ボトル)
袋	봉지	別々に	따로(따로)	香港映画	홍콩영화
二つ	둘(固有語)	部屋	방		

【ま】

-枚	-장	右側	오른쪽	六つ	여섯(固有語)
毎日	매일	水	물	目	눈
前	앞,전	道	길,도로	-番目	-번째
孫	손자	三つ	셋(固有語)	-名	-명
孫娘	손녀	三つの-	세-	姪	조카,조카딸
まず	먼저	南	남	メール	메일
マスカット	마스캇트	南側	남쪽	メモ	메모
また	또	土産	선물	麺類	국수
待つ	기다리다	未来	미래	-も	-도
まっすぐ	쭉,곧장	みる	보다	もう	이제,벌써
-まで	-까지	みること	보는 것	もう少し	좀 더
-までは	-까지는	みんな	모두,다	木曜日	목요일
守る	지키다	向かい側	건너편, 맞은편	もしもし	여보세요
学ぶ	배우다	婿	사위	-もの	-거(것)
万	만	難しい	어렵다	桃	복숭아
磨く	닦다	息子	아들	問題	문제
みかん	귤,밀감	娘	딸		

【や】

野球	야구	約束	약속	野菜	채소

110

やさしい	쉽다(問題)	雪	눈	読む	읽다
	상냥하다(人)	指輪	반지	嫁	며느리
薬局	약국	夢	꿈	余裕	여유
八つ	여덟(固有語)	よい	좋다	-より	-보다(比較)
山	산	横	옆,곁	夜	밤, 저녁
優雅	우아	横になる	눕다	四	사
郵便局	우체국	四つ	넷(固有語)	四十	마흔(固有語)
有名だ	유명하다	四つの-	네-	四十	사십

【ら】

ラーメン	라면	両親の日	어버이 날	連休	연휴
来月	내달,다음 달	余裕	여유	六	육(固有語)
来週	내주,다음 주	旅行	여행	六月	유월
来年	내년,다음 해	-りん(花)	-송이	六十	예순(固有語)
ラジオ	라디오	りんご	사과	六十	육십
理解	이해	ルビ	루비	緑茶	녹차
理解する	이해하다	レストラン	레스토랑		
理想	이상	連絡	연락		

【わ】

若い	젊다		저(謙譲語)	私の-	내(나의)
我が家	나의 집		내가		제(저의)謙譲語
分かる	알다,이해하다	私が	제가(謙譲語)		난(나는)
分からない	모르다		우리	私は	전(저는)謙譲語
私	나	私たち	저희(謙譲語)	悪い	나쁘다

【を】

-を	-를(을)

■著者紹介

朴　点淑（パク　ジョンスク）

岡山大学文学部卒業。岡山大学大学院文学研究科（言語文化学）修士課程終了。
岡山大学大学院社会文化科学研究科博士後期課程在学中。
現在は岡山大学・山陽学園大学・中国学園大学・美作大学などで韓国語講師。

初級テキスト　改訂新版
안녕하세요! 韓国語（アンニョンハセヨ！カンコクゴ）

2006 年 2 月 28 日　初　　版第 1 刷発行
2007 年 3 月 30 日　新　　版第 1 刷発行
2008 年 5 月 30 日　新　　版第 2 刷発行
2011 年 4 月 22 日　改訂新版第 1 刷発行

■著　者─── 朴　点淑
■発 行 者─── 佐藤　守
■発 行 所─── 株式会社　大学教育出版
　　　　　　　〒 700-0953　岡山市南区西市 855-4
　　　　　　　電話 (086)244-1268 代　FAX (086)246-0294
■印刷製本─── サンコー印刷㈱
■イラスト─── 亀池めぐみ

Ⓒ Jumsook Park 2006, Printed in Japan
検印省略　　　落丁・乱丁本はお取り替えいたします。
無断で本書の一部または全部を複写・複製することは禁じられています。

ISBN978 - 4 - 86429 - 058 - 6